カモメの船長さん

能崎船長の実践ヨット塾

カモメの船長さん

Contents

まえがき		4
第1章	シーマンシップ	7
第2章	下田にて	63
第3章	実践ヨット塾	81
第4章	ショクトウ（食当）	117
コラム	能崎船長と〈翔鴎〉	130
第5章	クルージング	137
第6章	ナビゲーション	199
第7章	あひるの世界一周航海	219
コラム	〈そらとぶあひる〉1973-1975	248
あとがき		252

まえがき

「実践ヨット塾」などのスクールを運営する「海洋計画」の代表で、60ftのヨット〈翔鷗〉(かもめとぶ)のオーナーであった能崎知文氏は、2002年7月から、亡くなる直前の2012年8月10日まで10年にわたって海洋計画のホームページに「Captain's Blog」を書き続けた。この本は、合計300回以上にのぼるブログの中から、その一部をまとめたものである。

ブログでは、ヨット操船や海に関する実践的な話や、特に小笠原諸島などへのクルージングの様子、アホウドリ保護活動への協力、船での料理の話から海からの文明論まで、さまざまにウンチクを傾けている。また、1973年から男3人でヨットによる世界一周を果たした思い出話も語られている。

時にはクルージングの途中でヨットの上からケイタイで入力したような簡単なものもあるが、そうしたヴィヴィッドな記録も含め、全体を通じて能崎船長のヨットや海に対する考えが伝わる興味深いエッセイになっている。ホームページに掲載中から、ヨットスクールの生徒やOB、能崎船長のファンたちの中には次回のブログを楽しみにしている人たちも少なくなかった。

能崎船長は、少し大げさに言うと、日本にはまだ普及していないヨットの体系的な教育の確立を目指していた。英国にはRYA、米国にはASAといった定評のあるトレーニングシステムがある。日本には大学にヨット部があり、世の中にヨットに乗る人は結構いても、きちんとした形で教えてくれるところは多くない。このため、能崎船長は2007年9月に、NPO法人日本帆走技術普及協会(SIJ)を立ち上げ、独自の資格基準を設けて、その教科書作りも始めたところであった。

SIJの基準に沿った講習は、中高年でも簡単に身につくヨット操縦法か

ら始まり、ひとりで60ftのヨットを操縦する一級資格、さらにはインストラクター資格までを目指す実践的なものであった。能崎船長のこうした思いから、「Captain's Blog」には技術的、実践的なことも多く含まれていたが、しかし、単なるヨット操縦法にとどまらず、船の楽しさや自然の厳しさを含め、海の面白さを伝えるものにもなっている。

　ブログの中で重要な部分を占めるアホウドリ保護活動への協力は2010年から始まった。アホウドリの繁殖地である鳥島は火山活動のため無人島になり、アホウドリも絶滅の危機にある。〈翔鴎〉の役目は、島に渡って営巣地の復旧や、鳥をほかの島へ移住させる研究者らをヨットで送り迎えすることだ。岩場に囲まれたこの島に船で近づくのは大変危険な作業である。

　2012年9月末、能崎船長はホームポートの静岡県・下田を出港し、鳥島にアホウドリの研究者を送った後、台風のため八丈島・中之郷港に避難。上陸して仮眠していたが、翌日の10月4日早朝、〈翔鴎〉の近くで水死しているのが発見された。荒波で岸壁に激しくぶつけられる愛艇の安全を確保しようとして波にさらわれたらしい。

　この本は、海に生きた能崎船長の熱い思いが、これからヨットを始める人や外洋を目指そうという人に伝わるように編集したつもりである。この本を読んで、少しでもヨットや海に対する関心を深めてもらえれば、能崎船長も本望なのではないかと思う。

編者　髙木 新（海事ジャーナリスト）

写真出典
「実践ヨット塾」関係者のみなさん、海洋計画、舵社

第1章
シーマンシップ

マリーナの赤旗 2008年6月6日

　日本の多くのマリーナ、ヨットハーバーでは荒天時には保管艇の出港禁止措置がとられているようだ。その際には赤旗が掲揚されるという。幸か不幸か私は赤旗が揚がる景色は一度も見たことがない。私が所属したヨットハーバー、マリーナにはそのようなシステムはなかった。私は出港するしないは船長の判断に属することだと思っている。

　外国でもこのようなシステムは聞いたことがない。日本ではマリーナ規則に出港禁止措置が書かれていて、艇の保管契約の際にマリーナ規則を守るように求められるようだ。

　この件に関しては賛成論と反対論があると思う。私の内にも、どちらかと言えば反対論が強いのだが、賛成する部分もある。

　賛成する意見としては、マリーナの管理上、事故でも起きると大変だとか、周りの艇にぶつけたりするとお互いが気まずくなるということがあると思われる。

　一方、反対論では、出港後に荒天になっても普段からホームポートの近くで荒天の練習を積んでおけば、いざという場合に安心ということだろうか。

　それでは、赤旗を揚げるタイミングとなると、風速が目安になるだろうが、一概に決められない。強風でも波が小さい場合、小型艇には無理だが、大型艇であれば大丈夫だとか、現在穏やかでも後に荒れるとか、赤旗を揚げる側にとっても困難な決断を迫られるのではないだろうか。イージーに風速10m/sを越えたら赤旗だとされると、利用者はたまったものではない。季節によっては、毎日10m/s以上の風が吹く場所もあるので、出港するチャンスがなくなる場合もあるだろう。

　今でも私が思い出すのは、アルゼンチンに滞在していた頃の出来事で

ある。現地の春の訪れを告げる暴風雨が数日続いた日曜日の朝、外が騒がしいので覗いてみたら、びっくり。数百のOPディンギーが追手の強風を受けて、川幅一杯にかっとんでいた。全員、小中学生の女の子、男の子たちであった。当日はヨットの行事が予定されていたようだ。

紳士の国、イギリスで育ったスポーツにはゴルフ、ラグビー、ヨットしかり、天候による中止はありえない。プレーヤーの判断で、無理だと思えばリタイアすればよいという話になるだけである。

ヨットマンは偏屈か 2008年7月1日

親交のある人気作家が興味深い話をしてくれた。ボートマンとヨットマンの特徴を一言で言えば、ボートマンは傲慢、ヨットマンは偏屈だそうだ。周囲の知人にこの言葉を紹介したら、一様にうなずいていた。傲慢よりは偏屈の方が好ましいかもしれないが、私は偏屈もパスしたい。

なぜヨットマンに偏屈が多いのか考えてみた。偏屈だからヨットをやっているのか、ヨットをやったから偏屈になったのか。どーも、両方向があるような気がする。典型的な偏屈というのは良い言い方をすれば、他人に迎合しないタイプをいう。悪い例では、各人が価値観が違うのはいいのだが、自分の価値観に執着するあまり、最大公約数的な価値をも無視するようになると、可愛いくて無害な偏屈モノとは言えなくなる。

現在の日本ではヨットが絶滅危惧種に仲間入りしそうなスポーツになっているので、周囲からの忠告を無視して、かたくなにヨットを続けている人がいるのかもしれない。

私がヨットを始めた頃、ヨットの操縦に関してさまざまな決まりごとが

あった。ブームの角度は風向に対してこうだとか、ヨットを係留する時はああだとか。私はこれらを金科玉条のように守っていた。しかしながら、セーリング理論は最近、大きく変わってしまった。ヨットは極めてクリエイティブな遊びだと私は思っている。セーリングの時も、着岸する時も、毎回条件が異なるのである。定まった方法などあるわけがない。その都度考えて最適な方法を採用しなければならない。

セールに流れる風のように柔軟にモノを考える、それがヨットマンの特徴だと言われるようになりたいものだ。

無風ヨットの楽しみ方 2012年1月27日

"過ぎたるは、なお及ばざるが如し"の諺があるが、ヨットの場合はないよりはあり過ぎる方が良い。これはお金のことではなくて、もちろん風についてである。

風のない時のヨットほどつまらないものはないというのがヨットの世界の常識だが、ある日、暴風雪で風があり過ぎる時に、ヨットの中で、風が全くない時のヨットの楽しみ方を考えてみた。風がほどよく吹いて、暑くもなく寒くもない絶好のヨット日和の休日は年間を通して、わずか数日である。その他の日はハラハラドキドキだったりすること、もしくは海の上で浮かんでいるだけということになる。

ヨットを出さない時の過ごし方として最も一般的で手っ取り早い方法は、艇の整備をするか、またはお酒を飲むことだろう。人間だれでも安易な方向へ流れる傾向にあるので、毎回の酒盛りとなるのだが、ヨットに乗ることを期待して来ている人たちにはやがて飽きられてしまうだろう。若

者がヨットに近づかないのはこのあたりに原因があるのかもしれない。

　風速10m/sを超えると赤旗が上がって出航停止となるマリーナがあるようだが、これはおかしい。日本近海では10m/sの風速は頻繁に吹いているし、出航の可否は船長の判断に委ねるべきと思っている。どんな強風下でもセールを小さくして走れば、そこそこに楽しむことができる。

　無風の時、整備、酒盛りのほかに第三の道を探ってみた。風がない時しかできないことが意外に多くあることが分かった。

① **艇の停止惰力の把握**：機走で巡航速度にある時、エンジン中立後、完全に停止するまでの距離を測定する。この数字をもとにして、風がある時は風速、風向を加減すればよい。

② **旋回径の把握**：舵角に応じた艇の旋回直径を測定することによって、離着岸時の操船に役立つだろう。

③ **速力測定**：GPSを使用して、エンジン回転数に応じた速力を測定しておくと、夜間に険悪地を航行する時、分単位、秒単位で変針する時のタイミングを計算することができる。ノットの数字を半分にすれば、秒速(m/s)になるので、厳密な操船をする時の参考になるだろう。

④ **自差の測定**：潮の流れのない海面で一定針路で走らせて、GPSの表示とコンパス針路を比較して自差を算出する。N、NE、E、SE、S、SW、W、NW、の8方向に走らせて、各針路の自差を算出して自差表を作成すれば、完成。欧米のヨット教科書では、この作業を毎年1回は繰り返すよう勧めている。

⑤ **操船練習**：離着岸などの操船課題をゲームのようにして、乗員全員で挑戦して楽しむ。

こだわりの品 2008年11月6日

　私のものづくりは腕前は全くお粗末なものだが、大好きな部類に入ると思っている。中学時代はラジオ工作に夢中になり、社会人になってからは本物のディンギーや居間の壁一面の作りつけ棚も自作した。現在、作品のうちで残っているものは会社においている電気スタンドだけになってしまった。

　30年ほど前に思いついて、古い海図でランプシェードを作り、台座は海の香りのする物を使って電気スタンドを作ればムードが出るのではなかろうかと思い、材料を集めてみた。船具屋さんの倉庫に捨ててあった木製滑車をもらってきたり、世界一周航海で使用したアメリカ製海図等、ほとんどの材料はすぐにそろってしまったが、長い間、放置していた。10年前に手ごろなランプシェードの骨を見つけたのがキッカケでようやく組み立てることができた。海図を通して放射する白熱灯の光は高級感のある空間を演出してくれることが分かった。うちの女性社員が言うには、「会社がなくなるようなことがあれば、電気スタンドを持って逃げる」そうだ。

　古いものを使って別の価値を創出するというのは、大きな可能性があるかもしれない。方々で目にするように、古民家を居酒屋にしたり、レストランにするというのは大人気になっている。貨物船の要らなくなったハッチカバーでテーブルを作れば、味が出るのではなかろうかと思ったりする。表面に廃油を塗って汚し、真鍮の取っ手がついていればなおイイに違いない。

　モノの価値を機能からだけで見れば、古いものは用を成さないかもしれないが、別の用途に転用したり改造すれば新しい価値が生まれる。さらに、モノが辿ってきた変遷に思いを馳せると、いとおしさが湧いてくるのだ。

第1章 シーマンシップ

不定愁訴 2009年1月21日

　昨年暮れから正月にかけて下田のヨットに寝泊まりして帰宅したら、体の不具合がいろいろ出てきてしまった。左足の股関節から全体、脱臼したような痛さが続いている。寝ている時に激しく痛むものだから、数日間、夜中も動き回っていた。整体師の先生に診てもらったところ、永年の疲労が蓄積して血流が充分ではないとのこと。マッサージを続けて、ようやく夜中の痛みがなくなった。

　ヨットは身体に良くないという話を仲間内でしたところ、ブーイングが起こった。考えてみると、どんなスポーツであってもやりすぎると、かえって不健康になることが多い。ほどほどにやって、「ヨットをたしなんでいます」程度にしておけばよいが、なまじっか職業としてヨットに乗っているものだから中途半端は許されない。ヨットが職業でない人でも、一旦ヨットに乗れば、体のことなんか言っていられないかもしれない。

　私にとって身体というものは精神を乗せるための乗り物と捉えている。生まれた時から死ぬまで、私の精神を運び続けてくれているわけである。身体と精神は不可分の関係にあり、身体が滅びれば精神も終わりになるので、いわば一蓮托生、運命共同体的な関係にあって、私の人生の相棒でもあるわけだ。

　私の身体の良いところは、これまでどんな無理難題にでも応じてくれていたこと、最近まで若い人に負けないほどよく動いてくれたことである。私の健康法というか、ケアの仕方は、不健康なことを強いるのである。夜更かし、深酒、不規則な食事、おしっこの我慢、過激な労働etc。粗悪な環境に順応し、ラフロードに耐えるバージョンに改造したつもりでいた。「もう、いいかげんにしてくれ！」と、身体が悲鳴を上げ始めたのかもしれ

ない。かなりポンコツになっているのは確かだと思うが、まだまだヘタってもらいたくない。

　あと20年、せめてあと10年は変らず動いて欲しい。私のヨット人生において獲得したヨット技術の全てを次世代に伝えるための時間が欲しい。ただし、いまさらベタベタいたわったりするのは他人行儀で気味が悪いと言い出すかもしれないので、従前通りラフな付き合いを続けるつもりでいる。

自主規制　2009年2月5日

　ご存知の方が多いと思われるが、小型船舶の操縦者免許制度がある国は世界では少数派である。また、国によって制度が異なるために国際免許というものはない。例えば、フランスではヨットは免許が不要、パワーボートについてはエンジンの出力によって数段階に分かれているという。

　それでは免許制度がない国では野放図、勝手気ままにボートに乗れるかといえば、必ずしもそうではない。民間団体による自主規制が行われているのが一般的である。特に、英国や米国は伝統的に国民生活への国の介入を嫌う傾向がある。古い言葉では「夜警国家論」という考えがあったほどだ。すなわち、国は夜回り程度の仕事をすればよいのであって、他のことについては国民サイドでキチンとできますと。

　国の介入を許さないようにするためには、自主規制するだけでは充分ではない。国がつくるであろうと思われるもの以上のモノでなければならない。例えば、テムズ河に設置されている航路標識は国が設けたものではなくて、水先人組合がお金を出し合って設置したものである。それゆえ、国の口出しは一切無用。自己責任の考え方が定着しているので、ボート

が嵐で遭難してコーストガードや海軍の救助を依頼すると、後になって政府から請求書が届くそうだ。

　日本では英米的な伝統や気風がなかったので、自主規制によって国民の生活を運営しようという動きはなかった。「おカミの言うことだけを聞いていればよい」というのが通常だった。ヨットの世界においては免許、船検、フネの登録や無線制度について、国の規制ががっちりかかっている。国の言い分は「最低限度の規制をしているだけで、規制がなかったら何もしないじゃないですか」ということになるだろう。ところが近年になって、流れが変ってきた。社会保険庁の問題に始まり、他にもお役所の杜撰な処理が明らかになるにつれて、行政の仕事は非効率で国民に高負担を強いるものという認識が高まってきている。

　この機会に、日本をより良い社会にしようとすれば、さらなる意識改革が必要だと思う。例えば、最近話題になった裁判員制度である。ほとんどの人が裁判員になることを嫌っているようだが、国民の側においても社会のためにできることをやって、汗もかかなければならない。いやだから、いやな仕事を誰かに任すと費用はより大きくなるだろう。小さな政府で、より良い社会を作るためには税金を払うことは無論、汗を流すこともいとわない気持ちを持たなければならない。

海洋民族 2009年2月18日

　日本ヨット界の大御所と呼ばれている方が「日本人は農耕民族だ。だから、ヨットが普及しないんだ」とおっしゃったことがある。この言葉の裏には農耕民族に対比する海洋民族という考えがあって、海洋民族でない

とヨットをやらないという気持ちが働いているといえる。人類の歴史を振り返ると、農耕民族に対比する概念としては狩猟民族が適切だと思う。しかしその対比は民族的な違いではなくて、生活様式の差と捉えるべきである。すなわち狩猟による生活をしていると、獲物が獲れたり獲れなかったりして、生活が不安定になるので、農耕によって定期的かつ安定して食料を獲得するようになったと考えるべきだろう。したがって、狩猟民、農耕民というのが正しいと思う。

　しからば、海洋民族とは何をもって定義するかという疑問が生じる。人類の歴史に登場する有名な海洋民族といえば、フェニキア人、バイキングそしてポリネシアの人々だろう。ところが、彼らについて言えば、生活上の必要から海を利用した職能集団のようなものであって、住民がこぞって海に出ていたとは考えにくい。

　大胆な断定をすれば、この世には海洋民族という特定の民族は存在しない。さらに極端にいえば、人類全てが海洋民族ともいえる。なぜならば、地球の歴史で考えると、先カンブリア紀の終わり、6～8億年前に地球が全球凍結し、全ての生物は絶滅したと考えられている。その時、わずかに生き残ったのは深海に住むエディアカラ生物群と呼ばれるダンゴ虫のような形をした大型生物である。現在の地球に生息する全ての動物は彼らの子孫だと考えられている。人類もそうであるならば、当然に私たちの遺伝子に海が刷り込まれていると言ってよいだろう。

　人類は陸上に生息する動物でありながら、また遠い先祖が海から上がって無限の歳月を経ながら、多くの海の事象を引きずっている。例えば、血中の塩分濃度が海水に近いこと、波の周期に近い揺れに反応することや、その他にもいろいろあるのではなかろうか。

　ある時、酒食の席で海洋民族の話題が出た時、元東京商船大学の中

島保司教授が面白いエピソードを披露してくださった。

　太平洋戦争の初期に日本軍が香港を占領した時、付近の海域に敷設された磁気機雷を撤去するために、急遽日本各地から小型の木造漁船を集めて香港へ派遣することになった。数十隻の漁船が給油船を兼ねた海軍の艦艇にエスコートされながら現地へ向かったのだが、途中にシケが来たためにチリジリになってしまった。先着した艦艇の乗員は毎日、香港島の山上から東の水平線を眺めて漁船群の安否を気遣っていたところ、ポツリポツリと水平線に現われ、ほぼ全船が入港したという。天文航法の知識もなく、電子航海計器もないにもかかわらず、無事に到着した訳は、漁師たちが海水の塩加減を味わい、より塩分濃度の薄い方向へと船を走らせてきたのだそうだ。香港の近くには河があり、近付けば塩分が少なくなるとの判断だ。このような能力は長年の経験や勘によって培われたものと言ってよいだろう。

　さて、最初に戻ろう。現在の世界においてヨットが盛んな国と言えば、フランス、アメリカ、イギリス、オーストラリア、ニュージーランド、ほとんど全部が農業国である。

岡崎造船 2009年3月3日

　昔、ヨットの製造技術に長けた日本の造船所は、東の加藤、西の岡崎と言われた時代があった。関東に所在した加藤ボートは数十年前にヨットの生産をやめてしまったが、小豆島の岡崎造船は今も健在で、プロダクション及びカスタムボートビルダーとして全国にその名は轟いている。

　幸いにも私は両造船所においてヨットを製造してもらう機会に恵まれ

た。世界一周に使用するヨットを探していた時、ボートショーで加藤ボートのSK31を見て、一目で気に入ってしまった。SK31は当時、国内最大のプロダクションボートであった。契約してから竣工までの期間、ほぼ3日ごとに久里浜の加藤ボートへ通ったものだ。私のヨットの隣には作曲家いずみたくさんの〈フォンテーヌ〉とワントンの〈サンバード〉が建造中であり、天下の名艇と同じ時期に揺籃期を過ごしたことになる。

　岡崎造船との出会いは、現在、私が乗っている〈翔鴎(かもめとぶ)〉の船長として雇用された直後に、建造中の〈翔鴎〉を見に行ったのが最初である。その時は竣工の２カ月前だったので、ハルは出来ていて、船内木工工事の真っ最中であった。木工技術に特に定評があったので、職人さんたちの仕事をつぶさに見ることができた。

　一つの例として思い出すのだが、メーンシートスライダーのベースをデッキに取り付けるにあたり、最年長の大工さんが何度も何度も現場合わせして、そのたびに細かな修正を繰り返して、とうとう一日がかりの作業になった。作業の邪魔にならないよう、最初は遠巻きに見ていたのだが、時々大工さんから声をかけてもらい、そのうちに親しく教えてもらうようになった。終業後に一緒にお酒を飲んだこともある。

香川県小豆島にある岡崎造船。日本では数少なくなってしまったヨットの造船所として、技術の継承に務めている

現在、私は〈翔鴎〉に乗りながら各部材を作った職人さんの顔や作業中のシーンを思い出す。逆の立場の職人さんたちは、どんな人が乗るのだろうかと興味があったかもしれない。お互いの

顔が見える関係が造船所において作られる。手作業で作るものは、発注者と製造者が相互に影響しあって出来上がるものだと思う。

　岡崎造船に滞在するうちに、その強さの秘密が分かった。先代の社長さんには5人の息子さんがいて、それぞれが専門分野の責任者として職人たちをリードされていること、そして、しっかり団結されていることだろう。

ヨットと茶の湯 2009年3月25日

　ヨットと茶の湯と言うと、ミスマッチのイメージがぬぐえないが、私が継続して参加している「ケンノスケカップ・ヨットレース」常連の幾人かは鎌倉でお茶の稽古に励んでいらっしゃるようだ。私は以前から何となくヨットと茶道の関連に興味を感じていた。

　どのような専門分野もとことん突き詰めてゆくと、各分野に共通する達観に達するもののようだ。例えば、一流の数学者と哲学者が同じレベルで語り合ったりすることができるように、山の登り口は違っても頂上が同じレベルになることもありうる。宇宙は一つの調和や原理によって成り立っている可能性がある。ヨットとお茶というのはそこまで大げさでなくても、頂上へ至る道が途中で合流しているかもしれないのだ。

　実は私には限りなく細い糸ではあるが、茶道とのツナガリがある。かつて世界一周に出帆する際に、沖縄海洋博覧会実行委員会から私たちに「海洋博親善大使」の称号をいただいた。このことによって海洋博をPRするとともに、日本文化を紹介する責務があった。私は当時、講道館柔道二段の資格を持っていたので柔道着をヨットに積み、柔道を通して日本文化を紹介するつもりであった。

ところが、さらに欲張って、外国で人気があるという禅とお茶を身につけようとして知り合いの門をたたいた。その知り合いというのは職場の１年先輩であり、将来の幹部候補であったが、お茶の世界にのめりこんだことによって、前年に会社を辞めてしまった人である。現在はお茶の傍ら陶芸に打ち込んで、その道の大家であり、方々で個展を開くまでになっていらっしゃる。

　日本出帆前の一夜、彼に同行してもらって師匠宅を訪問した。お師匠さんからお茶の手ほどきを受けたうえ、茶道の道具と教本をいただいた。日本出帆後、寄港地のブエノスアイレスでたった一度だけお手前を披露したのだが、即席の付け焼刃であり、記憶もおぼろになっていたので、果たして日本文化の紹介になったかどうか心もとない。同席していた現地女性は、「ミルクと砂糖を加えると、もっとおいしくなるよ！」とのたもうたのだから、結果は推して知るべし。

　さて前置きが長くなったが、ヨットと茶の湯の共通点について述べてみたい。第一に、手順を重視すること。茶道の作法にはキチンとした順序があるように、ヨットの動作には手順がある。もしも手順を守らなければ、簡単に壊れてしまうモノが多い。例えば、ヨットのトイレをヘッドと呼ぶのだが、通常は水面よりも低い位置に設置されていることが多いので、バルブやポンプの操作を正確に、手順を踏んで行うことが求められる。トイレ以外でもヨットの動作全て、帆の揚げ下げ、たたみ方、ロープの扱い方、舵の動かし方、飲食、睡眠にも作法が存在する。このように言うと、堅苦しいと感じる人もいると思うが、作法を守ることが上達の早道であり、ヨットの場合はさらに艇と乗員の安全にもつながることになる。

　第二に、道具を優先すること。茶道では道具を「お道具」と呼んで、保管、準備、始末にいたる間、大切に扱っている。道具が主であり、人間が

従とも言える。この点において、私は特別な考え方を持っている。ヨッティングの主役はヨットであると。乗員が正しくヨットに接することによって、ヨットの能力を引き出し、美しい姿のままで維持することができる。ヨットの諺に、「ヨットの面倒を見ていれば、ヨットが乗り手の面倒をみてくれる」というのがある。ヨットを大事にすることは自身の命を大事にすることになるのだ。道具が主役というのは、他の芸事やスポーツには見られない。他は全て、人間が主役である。野球においてグラブやバットが主役だと言えば、ブーイングになるだろう。

　第三に、精神性が高いこと。茶の湯の真髄は「和敬静寂」と言われ、侘び、さびの境地に心を遊ばせることと思う。ヨットの精神世界はより動きの激しいものではあるが、空と海だけの世界において人間の五感によって得られる楽しみは少なく、楽しみの多くは心の中に起こるものから得ることになる。ストイックな世界と言うこともできる。むき出しの心が自然に触れて、心の変化する過程を見守る楽しみであるような気がする。

　さて、私にとってヨットの上での時間と空間は限りなく貴重なものだが、茶せんをふるってお茶をたてると、どのように感じるだろうか、ものすごく興味がある。

ヨットの共同所有 2009年4月25日

　日本では複数の人間が一緒になって、1隻のヨットを所有するパターンが多い。統計的にはどのくらいになるか判然としないが、私の周りには多くの例があるので、5割を超えているものと思う。最近の流行にあるように、モノをシェアすることによって経済的な負担を小さくすることができるとい

う観点に立てば、好結果が期待できるはずである。

　私自身は現在、4隻目のヨットを単独所有しているが、最初は単独、2、3隻目は共同所有であった。共同所有の期間が長かったので、それなりに経験を積み、そのメリット、デメリットや共同所有を上手に運営する方法について意見を言えるかもしれない。

　最近になって、私の周りにいる方から共同所有にかかわる問題について相談を持ちかけられる機会が増えてきた。メンバーが減ったことによって、費用負担に耐え切れなくなった。ヨットを買い換えたいが意見がまとまらない。メンバー内に派閥ができて自分はカヤの外になった。いろいろな形があるが、共通するのはお金が絡んだ人間関係である。

　ヨット専門誌の「Kazi」にでも記事として取り上げられてもよさそうなものだが、過去にそのような記事を読んだ記憶はない。ケースごとに抱えている問題点が違うので、結論を出しにくいとして敬遠されているのかもしれない。

　共同所有の大きな利点に気づけば、多少の不利益にも目をつぶれるかもしれない。しからば、共同所有の利点とは何だろうか。

①経済的な負担が軽くなること。これが最も大きい。使う時は単独オーナー気分、支払いは数分の一。単独オーナーでは困難なサイズのヨットを買うこともできる。
②ヨットの世界では慢性的なクルー不足が起きているが、この悩みはない。
③飲食費等も頭割りになるので、特定個人に過大な経費がかかることはない。
④メンテナンスにも共同で責任を分かち合うことができる。

こんなところだろうか。ところが、現実にはうまく行っていない共同所有のグループが多い。最初に友人関係があって、ヨットの共同所有へと進展した例では概ね良好であるが、ヨットの共同所有を目的に結成された例では行き詰ることが起こりやすい。

　友人から聞いた、別荘を共同所有した人の話を紹介しよう。全ての費用をキッチリとメンバーの頭数で割っている例がある。それぞれの家族が別荘を利用した際に、調味料の容器に目盛りを付けて消費した量を正確に測って費用を案分するという。このようなことをして何が別荘生活かと言う人もいるかもしれないが、この方法が実にうまく行っているそうだ。必ずしもこの方法がヨットの共同所有に適用できるとはいえないが、メンバー全員が納得する方法を最初に決めておくべきだと思う。将来に起こりうる状況をイメージして、共同所有の運営に齟齬をきたさないようにしておくべきだろう。

　船体保険に加入すること、解散時の配分、臨時出費の負担方法、分担金の支払いが遅延した時の扱いなど。できれば脱退がしにくい取り決めも設けておくべきかもしれない。

　日本人はパーティーべたと言われている。日本人はパーティーでは極端に態度が分かれる。一方では座を仕切りたがる人、他方では引っ込み思案な人がいる。双方とも欧米人のパーティーでは嫌われる。パーティー参加者の数で割ったものが自分の出番と心得ていれば問題はない。同様に、ヨットの共同所有を実りあるものにしようとすれば、メンバーの頭数で割った分の権利と義務を果たすことである。

漁船の遭難事故 2009年11月6日

　10月31日に下田へ出かけた。ヨットの係留場所へ向う途中、港に隣接する公園の広場には報道陣がカメラの砲列を敷き、中継車が陣取って決定的な瞬間を見ようとする人たちも含めて数百人でごった返していた。あとになって分かったのだが、28日に八丈島付近で奇跡的に救助された漁船員が帰ってくるということだった。マリーナに到着するとすぐに大型ヘリコプターが飛んできて、3人の漁船員を運び降ろして飛び去っていった。
　間をおかずにテレビのニュースが漁船員生還のニュースをやったので、クラブハウスに居合わせた人たちから様々な関連情報を聞くことができた。亡くなった船長には小学生の息子さんがいること、船から脱出できた漁船員が取り残された漁船員に対して励ましの言葉を残していったことなどが話題になった。転覆した漁船に閉じ込められて脱出できなかった人たちが今回、救助され、下田へ帰還した。90時間も密閉された船内に残されて救助された例は聞いたことがない。
　10月24日に転覆してから救助されるまでの4日間に台風20号が付近を通過している。その間、彼らはどのような気持ちでいただろうか。船の浮力がなくなって沈没する恐怖、船室内の空気がなくなって窒息する恐怖、水・食料がないための恐怖、岩礁にぶつかって船が大破する恐怖、いろいろな恐怖が去来したことだろう。インタビューには、生還をあきらめていたと答えていた。そのことが無駄に空気を消費しないで、良い結果につながったのかもしれない。
　漁船の転覆事故では、船底を上にして浮いている船内から遺体で発見される例が多い。人は食料や水、空気が仮にあったとしても、恐怖や絶望によって亡くなる例が多い。

　カジキ漁船を登場させたアメリカ映画、「パーフェクト・ストーム」の冒頭には、「われわれは魚を食べているのではなく漁船員を食べているのだ」というせりふが出てくる。外洋での漁労は命がけの仕事である。この数年間で、転覆や衝突のために漁船員の生命が多く失われている。漁業従事者のなり手がなくなって、私たちの食卓から魚が消えてしまう恐れがないわけではない。

　継続的に魚を供給してもらうためには、漁業の作業環境を安全なものにする必要がある。ハード面では日本のハイテク技術を漁獲高向上に活用するだけではなく、安全向上に活用できないだろうか。例えば、今回の八丈島沖事故ではイーパーブ（非常用位置指示無線標識装置）が話題になっていない。イーパーブが作動して所在が明確であれば、巡視船による捜索中断はなかったものと思う。携帯電話は多機能で、おどろくほど小型軽量化しているのだから、電波発信の機能しかないイーパーブは携帯電話程度の大きさにして、各自が携行できるようにならないものだろうか。また、浮力と保温に優れたサバイバルスーツの開発、漁船の構造を転覆しても復原するものにする、もしくは転覆した状態で安定するよう、船内に空気室や浮力維持のために自動膨張するバルーンを設置することが考えられる。

　ソフト面では、荒天時の操船方法を指導したり、訓練すべきだと思う。小型船舶の教科書にある「向かい波を30度に受けて、舵が効く程度のスピードで航行する」というのは、大型船の運用法に過ぎない。

　昭和40年代に野島崎沖で3万トンを超える数隻の貨物船が相次いで沈没する事故が発生した時に、国は専門家のプロジェクトチームを作って原因究明と対策を講じたように、漁船の安全に関しても再検証すべき時が来ているのかもしれない。

命は誰のもの 2009年11月26日

　今月は〈翔鴎〉を横浜で上架したために、下田〜横浜間の往復も含めて、約2週間ほど会社を不在にしてしまったし、ブログもお留守になってしまった。上架中は天候に恵まれて絶好調で作業がはかどったが、回航は大苦戦の連続であった。特に、三崎から下田へ向かった11月15日、日曜日の海象は最悪に近いものだった。低気圧が私たちの北東にあって、等圧線は縦じま模様の冬型である上に、1,050hPaを超える巨大な高気圧が西から接近していた。日曜日のうちに下田へたどり着きたいという気持と、60ftの大きさのヨットであれば可能だと思う安易さが出航を決意させた。午前8時に、600トンほどの水産高校の実習船に続いて三崎港を出港した。乗員は私を含めて4名。風向は西南西、風速は15m/s超、波高は4m。三崎港の港口は大波が打ち寄せて、洗濯機の中のような状態になっていた。

　沖に出れば波は良くなると考えていたので、メーンスルとジブを小さく揚げてセーリングを開始した。数度のタッキングを行い、2時間半後に大島まで5マイルとなった時、波が猛烈になり、波がデッキを越えてゆくようになった。

　伊豆半島への接近コースを取るためのタッキングを行った時、リーサイドでウインチを操作していた一人が大波にさらわれ、4mほど飛ばされてしまった。幸いにもライフラインの上端にすがり付いて落水を免れたが、まさに危機一髪であった。落水事故が発生していたらと思うと、ゾッとする。ジブシートが抜けたためジブは暴れているわ、艇は横倒し状態になっているわで、艇を回復するだけで手一杯の状態だったので、落水者救助に当たるには相当の時間がかかったと思われる。

　後に分かったことだが、保安庁の灯台気象情報にによれば、当時、大島では22m/sの風が吹いていたという。瞬間最大では30m/s近くあったかもしれない。私は多くの反省をしたが、同時にいろいろな思いが頭の中を去来した。
　落水や沈没のような重大事故が発生した時に、船長はどのように対処すべきであろうか。私は船長たるものの責任を重大に考えている。現行の法律では小型船舶船長の責務はあいまいなものになっているが、平成15年まで小型船舶にも船員法が部分的に適用されていて、船長の責務と権限が厳格に規定されていた。さらに旧船員法では「船長の最後離船義務」が規定されていた。
　「船長は全ての旅客、乗員の離船と積荷の揚陸をはかった後でなければ離船してはならない」。その規定があったために数々の悲劇が発生したのも事実である。船長は船と運命をともにしなければならないと解釈されていたのである。過去にさかのぼると、空母〈飛龍〉の山口多聞司令官や、昭和30年、宇高連絡船〈紫雲丸〉事故の中村正雄船長の名が挙げられる。
　平成15年から小型船舶に関して、一般船舶とは切り離して新しい法律が適用されるようになった。新しい法律では免許制度に重点を置いたために、小型船舶船長の責務と権限があいまいになっている感をぬぐえない。例えば、船長が乗員に対して命令しようとしても、船長には命令する権限や乗員が命令に服するための法的根拠はない。
　映画の「パーフェクト・ストーム」では、自力航行ができなくなったヨットの女性乗員が勝手に遭難信号を発信したことを、船長は「船長権限を侵害した」として咎めたのに対して、女性乗員が発した言葉が面白い。「ヨットはあんたのものかもしれないけど、命は私のものよ！」。日本の法律では電波法に無線による遭難信号についての規定があるが、無線機を有

しない小型船舶では遭難信号の権限が誰にあるかも規定されていない。

　これまでも、小型船舶に関する法律は常に後手に回っているように思える。事故が実際に発生してからでないと、重い腰が上がらないのである。

〈翔鴎〉の元学生クルー 2010年3月3日

　昨夜は知り合い2人との飲み会を行った。昨日午後に連絡があり、夕方に渋谷へ出るので一杯やりましょうということになった。このところ3連チャンで飲み会が続いている。まさに"相手変れど主変らず"状態で、毎回、顔ぶれが変わっているが、私は常に飲み続けていなくてはならない。うれしい反面、肝臓のことが少し心配になる。

　昨夜のお相手は私の貴重な人的ネットワークのうちの2人であった。もう、長い付き合いである。

　昭和61年に〈翔鴎〉が進水した年、私はその年の2月から船長要員として〈翔鴎〉を所有するリクルート社に勤務することになった。進水直前まで、船長が決まらなかったので、設計者の林賢之輔さんが私を推薦してくれたのである。3月に処女航海へ出帆したが、船長以外の乗員がいないので、私の知り合いを集めて臨時の乗組員とした。しかしながら、彼らにはそれぞれ生活があり、別の職業があるので、長くは引き止めることはできなかった。結果として、船長だけが乗っているヨットとなることが多くなった。これでは安定した運航はできないので、社長へ直訴して追加の乗員を手当てして欲しい旨申し上げたら、学生アルバイトを雇用するように指示をうけた。

　これが、〈翔鴎〉学生クルー制度の始まりとなった。昭和61年8月中

| 第1章 | シーマンシップ

旬に求人情報誌に募集広告を掲載して採用面接を行い、翌日に採用を決定して、すぐに〈翔鴎〉が碇泊していた小豆島へ全員を連れて向かったのである。全員、ヨットの素人である。なるべく、ヨットに乗る機会のない方々にその機会を与えて欲しいという社長の意向を反映したものであった。

小豆島ではたった1日でヨットの操作を教えた後、翌日には東京へ向かって長途の航海へ出帆した。毎夜、ご馳走が出て、温泉に浸かり、リゾート気分を味わっていた学生諸君は、何か裏があるのではないかと半信半疑であったようだ。航海に出てから船酔い者が続出して、彼らには一転して地獄の日々を送ることとなった。

小豆島からの航海で約半数の脱落があったが、残った人たちはその後の航海を支え、その年の年末から正月にかけて開催された「ジャパン・グアムレース」で、重要な戦力として活躍してくれた。進水後、1年間で走航した距離は1万マイルを超え、時には風速40m/sの向かい風で吹き降りの中を夜通し走り続けることもあった。

その後は毎年、クルーの募集を行った。卒業する人や脱落する人がいるので、前年採用したクルーを4名程度を指導者として残して、新規に12名採用していた。応募者数には変動があったが、多い時は12名の採用に対して、240名の応募があった。その時は文字通り、選び放題である。東京六大学を始めとして、有名大学が勢ぞろいの中から選抜するのである。

12年間続けた後に、

〈翔鴎〉は「セールトレーニングシップ」のような役割も果たし、多くの若者を含むクルーたちの心身を鍛える場となった

〈翔鴎〉の運営が私が経営する「海洋計画」に移ってから、学生クルーの制度は中断してしまった。ゼロ期生から12期生まで、過去に〈翔鴎〉学生クルーに籍を置いた人は総勢130名余り。

　今や元〈翔鴎〉学生クルーの大半は40代である。世の中で最も活躍中の世代である。メンバーのなかには誰もが知っている大会社の社長、公認会計士、弁護士、凄腕の外科医や自民党から衆議院に立候補した人等々、錚々たる人たちのオンパレードである。彼たち、彼女たちの人生のひと時にかかわりをもてたことが私にとって最大の宝であり、誇りとしている。

　発足から10年近く経た時に同窓会を開催したことがあった。当時は現役もいた時代だ。その際に私がスピーチした内容を憶えている。同窓会にはいろいろあるかもしれないが、盛り上がる順に言うと、

①兵隊仲間
②ムショ仲間
③〈翔鴎〉学生クルー仲間

　従って、大いに盛り上がりましょうということになった。同じ釜のメシを食い、苦しみを分かち合った仲間の結び付きは強固である。

ヨットの保険　2010年1月25日

　〈翔鴎〉が停泊している伊豆下田港では時々、想定外の台風や暴風が吹く。過去20年間にヨットが係船ロープから離れてヨット同士がぶつかったり、陸に乗り上げる事故が数件発生している。3年前には〈翔鴎〉の近

くに碇泊していた大型パワーボートのもやいが切れて漂流したために〈翔鷗〉にぶつかり、左舷のガンネルに損傷を受けたことがあった。復旧のための工事はかなり大掛かりで複雑なものとなったが、その費用は全額、保険によってまかなわれた。

　マリーナ等に保管中の事故はマリーナ保険によってカバーし、航行中の事故は各個に加入しているヨット・ボート保険によってカバーするのが一般的である。マリーナによっては保険加入を保管契約の条件としているところが多いようだが、ヨット、ボートが保険に加入している割合は極めて低いらしい。全体の加入率は10％前後と、聞いたことがある。小型船舶の世界では、車のような強制加入の保険制度はない。

　もしも、無保険の状態で保管係留中に他船と衝突等の事故が発生したらどうなるだろうか。個人間の煩雑な交渉があったり、合意が困難だったりすれば、お互いにいやな気分が尾を引くかもしれない。実際に起きたケースとして、係留中にもやいが切れて衝突し片方の舷が損傷を受けたために、バランスを考えて、無傷の反対舷も取り替え、全ての費用を請求してくる人もいたとか。このような場面でも、保険会社が介入することによって、世間に通用する常識的な線で決着するだろう。

　さらに、私が過去に見聞したものでは、無保険だったために大変深刻な状況になった例がある。荒天の海面を港へ向かって航行中に定置網を引っ掛け、網の補修費として数千万円の損害賠償を求められた例や、航行中の座礁によってヨットは沈没し、海中からの撤去を求められた例。これらの例から分かるように、ヨットをやめても巨額の借金だけが残る結果となることがあるのだ。

　多分、誰もが保険加入を望ましい姿としているかもしれないが、現実の保険加入率は低い。日本人一般に言えることだが、保険は安心を買うも

のという認識があり、そのために高額の費用を払ったり、煩雑な手続きをするのは負担と感じている人が多いのではないだろうか。保険に対して期待度が低いと言える。

〈翔鴎〉では進水以来、保険に加入しているが、現在支払う保険料は進水当時に比べてかなり安くなっている。小さな修理でも保険によってまかなうことができているので、十分活用している。車に比べると不可抗力や想定外のトラブルが起きる確率は格段に高いので、安心してヨットに乗っていられることが保険加入の最大の恩恵かもしれない。

知を楽しむ 2010年7月15日

環境省の業務で行った鳥島航海でご一緒した学者の先生お二方からお便りをいただいた。ヨットの操縦班を慰労する内容であり、これから将来にわたって遠く離れた無人島などへの航海の足としてヨットをお考えの様子をうかがうことができた。

今回の航海にはテレビ取材チームや数名の学者先生が同行されていた。それぞれがウミドリ、地震学や歴史の専門分野において一流の権威である。各先生ともフィールドワークが得意なので船酔いはなく、デッキに出ていらっしゃる時間が長かったので、面白い話を聞く機会に恵まれたのは大変な幸運であった。

ウミドリの専門家である佐藤文男先生は夜明け前にデッキに出て、ウミドリの観察を続けられた。鳥を見つけるたびに異なる鳥の名前が出てくるので、その種類の多さに驚いたものである。私には大小の差があっても全ての鳥は同じに見えるのだが、いろいろな種類があり、そのうちのいくつか

を解説していただいた。

　遠くオーストラリアの南のタスマニア島からやってきた鳥や大盗賊鴎（おおとうぞくかもめ）の話は興味深いものがあった。大盗賊と名前がついているので、スケールの大きな悪さをするのかと思いきや、他の鳥が採取した餌を、追い回した末に吐き出させて横取りするという。大盗賊というよりカツアゲに過ぎないと笑ってしまった。佐藤先生たちが下船した後、私たち操船班のみで回航している時、ヨットの周囲のウミドリの数が急に増えたことに気がついた。そばへ寄ってくるもの、デッキで一休みするウミドリもいた。ウミドリ専門家が注視していると、鳥の方でも視線を感じて近付いてこないのだろうと、同乗の北條裕明さんの言。

　火山や地震の専門家として参加された松島健先生は九州大学の准教授であり、遠く島原からの遠征であった。鳥島の火山活動を調査して、近い将来に鳥島に噴火が起きる可能性、アホウドリの営巣地に危険が及びやしないかどうかの判断を得るためのようだ。松島先生と一緒に火山活動の調査をされた探検家の高橋大輔さんは無人島へ漂着した遭難者の研究もされている。江戸時代に多くの船乗りが鳥島に漂着しているそうだ。ジョン万次郎も鳥島に漂着し、アメリカの捕鯨船に救助された経歴を持っている。そのほかにも、難破船の残がいを集めて小舟を作り、青ヶ島へ自力で渡海した人たちの話などなど。火山活動調査の合間に、鳥島に残っている洞窟を調査して、漂着者の痕跡が残っていないかを探索された。

　鳥島は特別な島のようだ。平穏な日に島の高所から海を眺めると、海流が島にぶつかった後、二つに分かれて流れるさまが良く分かるという。過去から現在までの間に無数の難破船が漂着して、誰にも知られずに鳥島で朽ち果てた船乗りが多く存在したことが想像される。私は吉村昭さんの「漂流」を始め漂流モノと呼ばれる小説を何冊か読んでいるので、漂流

者に若干ではあるが感情移入することができる。乗っていた船が難破して、何十日間も海を漂った揚げ句たどり着いたのが無人島。島の名前も所在も分からなかっただろう。風が良ければ八丈島まで1日そこそこの距離にいながら、人知れず亡くなった人たちはどんなにか無念だっただろう。

　江戸期には多くの難船者を出しているので、鳥島以外にも漂着の島は多数存在するはずである。髙橋さんの今後の調査研究に期待したい。

ライフラフトの整備に思う　2010年8月11日

　6月に鳥島、小笠原へ行くためにライフラフトを整備した。国交省指定の会社に点検と整備を依頼した結果、その費用が新品価格の約6割に近いものになった。通常は3年ごとに整備が必要なので、6年で新品を余裕で買うことができる値段である。3年毎の整備は法律に規定されており、乗員の生命にかかわる問題なので疑問を呈するのははばかれるが、果たして3年毎の整備は必要なのだろうか？

　非常用の食料、信号用の火薬類、ガスボンベの取替えが主な費用の内訳である。ラフト本体は25年を経過しているにもかかわらず継続使用可能と判断された。なにしろ、未使用なのだ。ライフラフトは保険のようなものだから使用しないに越したことはないが、未使用にもかかわらず、3年ごとに大金を払わなければならない現行の制度には納得しかねるものがある。

　数十年間、現行制度が続いていて、その間に品質の改善やGMDSS（全世界的な海難救助システム）が普及したので、不要になるものもあるはずであり、イーパブ（非常用位置表示無線標識）、衛星電話やAIS（船舶自動識別装置）などが追加搭載を求められるにもかかわらず、従前から

あるものが免除されたり、簡略化されることはない。より安全になることは良いとしても、無反省にコストだけが増大するのはいかがなものだろうか？

　昨年の秋に起きた八丈島沖の金目漁船転覆事故の際には、船長一人がライフラフトで脱出したが、発見された時は既に亡くなっていた。人命にかかわる問題に関しても費用対効果について検証する必要があるのではなかろうか。

　最近、事務所で10年間使用しているコピー機を取り替えなくてはならなくなった。修理用の部品の生産が打ち切られるらしい。日常的な修理を施せば、まだまだこの先10年間は使用可能と思えるのだが、メーカーの戦略的な思惑があるようだ。買い替え需要によって、メーカーや代理店は売り上げを伸ばそうとしているのかもしれないが、果たして長期的な企業戦略としては正解といえるだろうか。

　私は現在、最新式の携帯電話を使っている。盛りだくさんの機能が付加されているようだが、実際に使うのは電話、メール、気象情報、カメラと目覚まし機能程度である。多分、全機能のうちの5％程度しか利用していないと思う。私には宝の持ち腐れと思えるのだが、防水機能にこだわったばっかりに高価な携帯電話を買うハメになってしまった。

　最近、私の身の周りで起きた事柄を3件述べてみたが、これらに共通することは、①エンドユーザーの利益よりは企業の論理が優先され、②メーカーが行う品質向上や技術革新の方向が必ずしもユーザーの希望に合致していないことである。

　よく世間では"お客様は神様です"と言われているが、現実には企業の勝手な思惑で製品を作っているに過ぎない。屋上屋を重ねるように機能を上乗せする程度では、成長は頭打ちになることは目に見えている。いわゆるガラパゴス化が起きているようだ。世界市場の動向とメーカーの方

針の乖離という致命的な問題が起こりつつある。伝聞情報であるが、韓国のある家電メーカー1社の売り上げの総額が日本の主要家電メーカー7社の総額よりも多いそうだ。その家電メーカーでは従業員を世界各国に派遣して長期間にわたって生活させ、その国の言語、文化、生活習慣をマスターさせ、本社へフィードバックさせてユーザーが希望する製品開発のための参考としているようだ。

　最近、私は3Dテレビなるものの存在を知った。それを見るためにはサングラスのような特別な眼鏡をかけなければならない。立体的な映像を見たいという需要はあるかもしれないが、大多数はテレビに多くを望んでいるとは思えない。家族団欒の場で、全員がサングラスをかけてテレビを見ている景色はかなり異様に思うが、そのように思うのは私だけだろうか。

　できることなら、新たな産業が興るほどの画期的な商品を開発する方向に努力を向けて欲しいと思う。

海洋モノ 2010年10月12日

　欧米では海洋モノという文学のジャンルがあって、かなりの賑わいを見せているようだが、日本では海洋モノは売れないというのが通説である。私は20代の頃、アーサー・ランサム、アリステア・マクリーン、ジョセフ・コンラッドを読んだのが最初で、その後30代にホーンブロワー・シリーズを読むようになってから完璧にはまってしまった。

　物語はナポレオン戦争時の海を舞台とする。日本では思いがけなくも圧倒的な人気になって、その後、11年間にわたって11冊のシリーズが上梓された。作中、ほとんど女性の登場はなく、帆船の専門用語や海の情

| 第1章 | シーマンシップ

景が出てくるのだが、ヨットに馴染みのない方、特に若い女性たちは船上で繰り広げられる人間の動きをどれだけ理解して読んでいるのだろうか。イギリスやアメリカであれば、ずぶの素人でもケッチといえば二本マストを連想するだろうし、フォアマスト、ミズンマストの区別もできるだろう。

　日本で海洋モノが一般化するためには海や帆船に関する予備知識が必要だと思っていたのだが、あにはからんや、大人気となった。ホーンブロワー・シリーズに並行して、2匹目のドジョウを狙った数多くの海洋冒険小説が発売された。玉石混交、時にはお金と時間の無駄と思われるものもあった。

　専門家の意見ではホーンブロワー・シリーズに匹敵するのはパトリック・オブライアンのジャック・オーブリー・シリーズとアレグザンダー・ケントのボライソー・シリーズと言われている。

　どちらかと言えば、私のお気に入りはボライソー・シリーズである。登場人物が似ている点、同じ時代背景の点など、ホーンブロワーのオマージュと思えるが、それでも私が好む理由は主人公のボライソーが人間味が豊かであり、機略縦横の冴えを見せるからだと思う。さらに著者が本物の海の生活を経験していることにあるからではないだろうか。著者は第二次世界大戦中、魚雷艇の乗組員を経験している。

　ボライソー・シリーズは日本では1980年に発売され、30年近く経った今日もまだシリーズは続いているようだ。一代目が銃弾に倒れた後、二代目の主人公がアトを引き継いでいるので、物語はまだまだ終わりそうもない。しかし、著者はかなりの年齢なので、著者にも二代目が必要かもしれない。

　翻訳された英国海洋冒険小説の合間に、日本人の著作による海洋モノも数多く読んだつもりだ。有名なところでは司馬遼太郎さんの「菜の花の

沖」、吉村昭さんの「漂流」、津本陽さんの「椿と花水木」など、他にも海や船がタイトルにあると即、購入したが、日本の海洋モノは総じて馴染めなかった。理由を考えてみると、そのひとつは海の生活を経験しない人が書いていること、他は海を暗くて恐ろしい存在と捉えていることではなかろうかと思っている。

　日本にも船乗り出身の作家がいらっしゃる。谷恒生さんである。デビュー作は「ホーン岬」、初期の作品には「喜望峰」、「フンボルト海流」等の海洋モノがあったが、多分、売れないことに見切りをつけられたようで、SFホラーに転向してしまった。もう一人、ギンギンのヨットマンでありながら作家という方がいらっしゃる。二宮隆雄さん。まだ、彼の作品は読んだことがないが、「海を奪る」を近日中に読むつもりでいる。

　30年以上、海洋モノに親しんできたので、あるべき姿というものを私なりに持っている。作中では、人間の葛藤やドラマをメーンとすれば、サブに人間対海が対峙する構図がなくてはならない。海そのものには悪意はなく万人に対して平等である。人間の知恵や勇気をもって海を乗り切る主人公たちの活躍が、何ものにもまして頼もしく感じるのである。

心のポケット 2010年10月22日

　〈翔鴎〉のアフトキャビン内の目立たないところにワイングラスを収納するための棚が設けられていて、中にはボヘンミアンカットの高級グラス十数個が収納されている。ワイングラスは見た目に繊細優雅ではあるが、ヨットの中では最もひ弱である。〈翔鴎〉建造の当初設計にはなかったのだが、造船所で壁の空きスペースを埋めるための希望を聞かれた時、ワイング

ラス置き場を作ることを提案して採用となった。

　一点豪華主義という指摘は当たっているかもしれないが、私には守り本尊のような存在である。海がシケて大荒れになった時、おとなしく鎮座しているワイングラスを想像しては元気をいただいている。私はヨットに乗る時はいつも、できるだけ朗らかにして心の振幅を小さくするように心がけている。

　ヨットの長距離航海では乗員の心はいろいろに変化するもので、元気一杯という時は良いが、時には落ち込むことがあったり、恐怖に足がすくむこともあるかもしれない。乗員のモチベーションが低ければ、艇の性能も満足に発揮できなくなるし、ヨット技術や判断力も低下してしまうかもしれない。ヨットの安全のためにも高いモチベーションを保ち、才気煥発、変化に即応できる状態でなければならない。

　ちょっとした気分転換の方法によって、精神レベル低下が劇的に変わることがある。耐え難いと思っているヨットの環境が極楽空間に変わったり、気まずくなった人間関係が兄弟よりも大切な関係となったり、恐怖の大シケを絶好の試練の場と捉えることができるなんてことがある。このようなことは人それぞれが年齢を重ねるなかで、陸上、海上を問わず、各自が苦しみながらも解決策を生み出しているので、人それぞれに独特のやりかたがあるだろう。

　時々、私が主宰する「実践ヨット塾」に関しての問い合わせの中で、「60歳を過ぎているが、これからヨットを始めても大丈夫か」という質問をいただくことがある。もちろん、大丈夫と答えるのだが、その根拠としてヨットは瞬発力よりも持久力が重要であり、また、年配者には心のポケットが多くあり、精神のコントロールが上手であることを挙げる。結果として、ヨットは年齢によるハンディキャップは比較的に少ない遊びであることを納得

していただいている。

　さて、ここで私が過去に見聞したり、自身が行った例を紹介したい。

①〈翔鴎〉は進水した年の暮れから正月にかけて、「ジャパン・グアムヨットレース」に出場した。〈翔鴎〉はレース用のヨットではないが、参加する以上は無様なレースはしたくないし、できれば勝ちたいと思ったので、そのための戦略を考えた。グアム付近の東風を利用して、スピネーカーで一気に勝負を決しようと、思い切った東寄りコースをとるのがポイントであった。

　三崎沖をスタートした日の夜、スピネーカーを揚げて帆走中にジャイブに失敗して、結果としてスピンポールをなくしてしまった。私の目論見は潰えたが、私は、なおスピネーカーを揚げることにこだわり、あれこれ方策を模索していた。その時、同乗されていたヨット設計家の林賢之輔先生の一言が私を救った。「スピンがなければ、余計なことを考えなくて良いから楽になったんじゃないの」。それ以降はレース中にもかかわらず、トローリングをしたり、料理をふんだんに作ったりで、グアムのフィニッシュまでの時間を楽しく過ごすことができた。結果は50ftのギンギンレーサー ULDB(超軽排水量艇)に次ぐ2着であった。

②31ftのヨットに乗って式根島へ行った時の話。式根島の中の浦へ入港した後、錨泊のためエンジン後進を使ったが、全く効かなかった。水中の岩にぶつかって惰性がなくなった時点でスクリュー周りを点検したところ、プロペラシャフトが破断していることが判明した。エンジン前進中はスラストの力で破断箇所がくっ付いていたのが、後進をかけた時に破断面が離れてしまったのである。式根島には

| 第1章 | シーマンシップ

ヨットを上架する設備もなければ部品の調達もできない。エンジンがなければ、港を出ることもできないし、ホームポートに帰ることもおぼつかない。乗員全員が落ち込んだことは言うまでもない。

しかし、そこで一言「ヨットはちゃんと浮いているし問題ない。エンジンのことは出航の時に考えればいいんじゃないの。せっかく式根島に来たんだから滞在を楽しもうよ」。

2日間の滞在を楽しんだ後、出航の朝にたまたまホームポートの顔見知りのヨットが入港してきた。港外まで曳航してもらって、セーリングだけで無事に帰ることができた。

号鐘　2010年12月6日

今年、〈翔鴎〉は船舶検査を受けた。毎回の検査で最も苦心するのは安全備品の員数揃えである。乗船定員が35名なので、膨大な数の救命胴衣を収納場所から取り出し、見やすく整理して受検後に再び収納することになる。〈翔鴎〉の救命胴衣は本船用の大型のものなので、一個あたりの体積が大きい上に艇内の収納場所が限られており、オーバーフローしないようにするのは大変な作業になる。

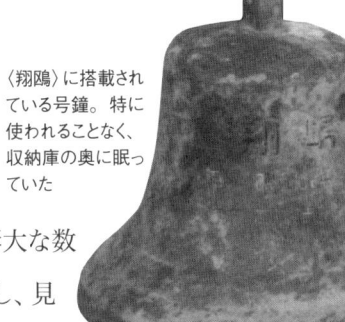

〈翔鴎〉に搭載されている号鐘。特に使われることなく、収納庫の奥に眠っていた

さらに今回は検査の立会いを下田ボートサービスに依頼したので、事前に全ての備品を収納場所から取り出して手違いをきたさないようにしなければならなかった。形象物、レーダーリフレクター、号鐘などを取り

出した。号鐘については収納場所があいまいになっていたので、探すのに手間取ってしまった。号鐘はこれまで一度も使ったことがないうえに、重くて転がるので収納には厄介なシロモノである。船内捜索の末にようやく収納庫の隅で見つけたが、すっかり緑青が吹いて惨めな状態になっていた。

　検査後に判明したことであるが、号鐘はもはや検査の対象ではない。数年前まで、長さ12m以上の船舶は号鐘及び汽笛を備え付けなければならないと規定されていた。霧などの視界制限状態において、錨泊や乗り上げの際に鳴らさなければならなかった。現在、長さ20m未満の船には搭載義務はない。

　これまで号鐘を邪魔者扱いしてきたのだが、搭載義務がなくなってみると妙に寂しさを感じる。号鐘を積むことができるのは大型艇の特権であり、いかにも船のイメージがあり、歴史を感じさせる。

　現在では号鐘は海上衝突予防法で定める用途しかないが、歴史の上では個人が時計を持っていなかった時代に、船内に時を知らせるための重要な役割を担っていた。時を告げる鐘という意味で、時鐘とも呼ばれていた。

　鐘の打ち方は1点から8点まであって、30分毎に1点が増えて行き、4時間の周期で繰り返していた。夕方の18時半から20時までは特異な打

1点鐘	00:30	04:30	08:30	12:30	16:30	18:30	20:30
2点鐘	01:00	05:00	09:00	13:00	17:00	19:00	21:00
3点鐘	01:30	05:30	09:30	13:30	17:30	19:30	21:30
4点鐘	02:00	06:00	10:00	14:00	18:00		22:00
5点鐘	02:30	06:30	10:30	14:30			22:30
6点鐘	03:00	07:00	11:00	15:00			23:00
7点鐘	03:30	07:30	11:30	15:30			23:30
8点鐘	04:00	08:00	12:00	16:00		20:00	00:00

船内で時間を知らせる「時鐘」。30分毎に鳴らし方を変えるが、18:30以降は変則的になる

ち方をする。16時に8点鐘になった後、16時半に1点鐘、30分毎に1点鐘増えて、18時半には5点鐘になるところを1点鐘。19時半は3点鐘だが、20時に元に戻って8点鐘になる。海坊主を騙すための策略とか、当直者の緊張を維持するためとかいわれている。

大津波 2011年3月13日

　先週金曜日に渋谷の事務所で強い地震を体験し、間もなくテレビのニュースで東北地方で巨大地震が発生したことを知った。日が経つにつれて被害の様子が伝わってきた。海岸近くの都市は壊滅的な被害を受けている。今日になって、地震規模がマグニチュード9.0と発表された。

　地震発生以来、私は仕事が手につかない状態になってしまった。東北地方には私の友人や親戚が何人もいる。私の実弟は仙台空港の近くに住んでいるのだが、全く連絡がつかない状態である。また、気仙沼には港のそばに元女性社員の実家がある。陸前高田市には過去にヨットを指導するために訪れたことがあり、知り合いが何人もいる。全く電話が通じないので、メールを送信して返信を待つしか方法がないのがじれったい。

　今回の地震について、日本の地震観測史上最大の地震とされているが、歴史を検索してみたら、昭和8年に今回に匹敵する三陸大地震が起きている。この時はマグニチュード8.1とされているが、大船渡市では23mの大津波が押し寄せた記録がある。さらに、この時の地震で最大の被害を受け、この地震の象徴となったのが岩手県の田老町である。大津波によって、町の人口の42％が亡くなる被害を受けている。明治期にも大津波による壊滅的な被害を受けている。

実は、私の実弟のお嫁さんは田老町の出身である。それが縁となって、過去に一度だけ田老町を訪れたことがある。町全体が、二度と大惨事を起こさないという決意に溢れていた。町のあちこちに看板があり、"揺れが来たら即、津波"と書かれており、そして昭和57年に完成した高さ10m、長さ2,433mの防潮堤が町をぐるりと取り巻いている姿を見た時、あまりの物々しさに驚いたものだ。今回の大津波に対して防潮堤が役立って、田老町の人たちが無事であることを願わずにはいられない。

　今回、仙台市を襲った津波の高さは10mとされている。リアス式海岸ではない開けた海岸であるにもかかわらず、なぜ、これほどに高くなったのであろうかと疑問が残る。それほど今回の地震エネルギーが大きかったのかもしれない。

　日本では何度も津波を経験しながら、あまりに知恵がないのではないかと、不満が高じてくるのを禁じえない。田老町のように日本全体を高い防潮堤で囲うことは不可能だが、方法はあるはずである。

　津波の映像を見ていて気づいたのだが、鉄筋コンクリートの建物が流されにくいこと、フネは沈まないで姿を保ったまま流されること、これらの点を参考にすれば方策が見えてきそうな気がする。

大津波　続き　2011年3月14日

　きょうは久しぶりに暖かい南風が吹いている。この暖かさが東北地方の人たちに届いて欲しい。

　昨夜の菅直人首相の記者会見は心温まるものであった。菅首相は涙目になっていた。原稿なしの談話には真情があふれていて、さらにそのあ

第1章 | シーマンシップ

との番頭役の枝野幸男官房長官の冷静な応対も良かった。日本国はまさに多事多難、国家存亡の瀬戸際にあると言える。一丸となって、復興に力を尽くさなければならない。

　今朝のネットニュースによれば、世界各国のメディアに日本へのエールが掲載されているそうだ。ベトナムの新聞には「日本は真に強い国」とあって、交通機関が止まっても怒号や喧嘩はなし、整然と徒歩で帰宅する様子が載っていたそうだ。実際には「まぁ、しょうがないか、寒さの中で津波に巻き込まれている人のことを思えば、歩くことぐらいはなんでもない」というところだろう。

　昨夜、仙台の実弟から地震発生後初めての電話があった。家族全員が無事であり、家も流されなくて、現在は電気・水道のない自宅で生活しているという。さらに田老町の親戚についても情報が入った。家はなくなったが、全員無事とのこと。田老町の万里の長城のような防潮堤があったにもかかわらず、津波は易々と乗り越えてきたようだ。しかし、決して無駄ではなかったと思う。防潮堤がなければ、家が壊れるくらいではすまなかっただろう。親戚の家は港のそばにあったはずなので、彼らが助かったことは他の人たちも助かっていることが想像できる。町民の防災意識が自らを救ったことと思う。

　弟からの電話について考えると、前回の私が書いたブログが電話のキッカケになったのではないかと思っている。彼が、何らかの方法で私のブログを見たのかもしれない。まさにソーシャルネットワークが災害に対しても有効な一例である。

　テレビを見ていたら、今回の地震は千年に一度の規模であると、学者が言っていた。1,100年前にも仙台では内陸深くまで押し寄せる津波が起こった証拠があるようだ。太古の昔から、日本では大津波が頻繁に発

生しているのだ。国際語になったTSUNAMIの言葉だけを輸出するよりも、防災先進国としてのノウハウを輸出するようになってもらいたいものだ。

　今回の災害に関して、大地震にもかかわらず地震によって倒壊した建造物のニュースをあまり聞かなかったことは救いであるが、津波に関しては大きな問題を提起した。膨大な犠牲者が発生したことや、特に原子力発電所が津波に対して充分な手が打たれていなかったことに多くの国民は大きなショックを受けたに違いない。原発に関して、結果の重大性を考えると、想定外だったと言い訳できない。最悪、第二のチェルノブイリになる可能性もあるのだ。地震予知の研究の進展が期待できない今、地震や津波が発生した時の対策や事前準備に多くの努力を注ぎ込む必要がある。

　例えば、サイクロンに頻繁に襲われるバングラデシュには、サイクロンシェルターが作られている。簡易なものでは土を盛った高台に倉庫のようなモノを作り、食料や衣料を貯蔵しておいて、サイクロンによって増水した際に住民が逃げ込むようになっている。近年、サイクロンシェルター設計の国際コンペまで開催されている。

　同様に、津波シェルターがあってもいいのではなかろうか。特に今回の津波のように平地でも大津波が発生するとすれば、逃げるための高台の避難場所がないので有効かもしれない。

　ここで私は突然ひらめいたことがある。佐賀県にある吉野ヶ里遺跡の環濠集落内部に複数の高い望楼のようなものがある。学者の説によれば、物見櫓とか、神事の際に使う舞台とか言われているが、私が思うに、これって、ひょっとしたら津波シェルターだったのではないだろうか。学者の説だって、推測の域を出てないのだから、とんでもない珍説が存在してもイイだろう。

　津波シェルターだと考えると、平仄(ひょうそく)が合ってくる。古代の日本では九州

の南にある火山が活発だったから、頻繁に地震や津波が繰り返していたこと、望楼の高さが大津波を凌ぐのに適していること、避難する住民を収容するのに見合った大きさであることなど。周囲にめぐらせた環濠も外敵を防ぐためのものではなく、津波の進行を遅らせて住民避難の時間を稼ぐためのものと考えてはどうだろうか。

　私は極めてマジメに考えているのだ。

　現代の技術で作るならば、シッカリした基礎を作った上に、直径50cmの鉄パイプを4本立てて、地表15mの高さに上屋を載せれば完成である。緊急脱出用に鉄製のボートをバウからもやい1本とって地表においておけば、津波の際には浮かび上がり、緊急脱出のほか救難物資の貯蔵にも利用できる。

大津波　その後　2011年3月18日

　3連休の2日間は、地震以降初めて下田へ行ってきた。単なるヨット見回りの目的であったが、交通事情が悪いので日帰りは難しくて泊りがけとなった。下田には大津波は来なかったが、地震当日と翌日に1m前後の津波が押し寄せて、稲生沢川に係留していた多くのボートに相当な被害が発生したようだ。

　近い将来に予想される東南海地震が発生すれば、大きな被害が出るだろう。下田は安政年間の津波によって甚大な被害を受けた経験を持っている。現在、下田港の入り口には十数年前から津波防波堤の建設が続いている。近くで見ると頑丈そうで頼りがいのあるものだが、果たして将来起こるであろう大津波に耐えて下田の町を守ってくれるだろうか？

夕方のNHKニュースを見ていたら、岩手県釜石港に設置されていた湾口防波堤が今回の津波によって跡形もなく崩壊した様相を映していた。釜石港の湾口防波堤は津波に対抗するために建設されたものであり、世界一の防波堤としてギネス登録された自慢の施設だった。

　水深63mの水域に設置されたものなので、建設するためには莫大な費用と時間がかかったことが想像できる。海底に基礎石を積み上げて、その上にコンクリート製ケーソンを置いたものだ。運んだ基礎石の量が11トンダンプ百万台分。マグニチュード8.5の地震の津波を想定して設計されたものだった。

　さらに、田老町の防潮堤も今回の大津波によってかなりの部分が崩壊して、大きな被害が出たことを知った。三陸沿岸の各地は防護施設がなくなったので、現在は震災前よりも危険な状態になった。自然に形成された磯や島は震災後もほとんど変わらない姿を見せているのに比べて、人工的に作られたものはあっけなく壊れている。

　逆説的な言い方になるが、"強いものが生き残るのではなく、生き残ったものが強いのだ"。震災の後、「想定外」という言葉を頻繁に聞くが、どのようなことを想定していたのだろう。学問に終わりがないように不動の真理はない。自然の力は常に人智を超えたパワーを秘めているのだ。

　私たちは波の力が圧倒的であることを知っている。私が高校生の頃、物理の科目で教わったことの中に、波は水の上下運動であるとあった。その時は妙な違和感が残った。波には上下方向の運動とともに、波の進行方向に向う横方向の大きな力があることを経験から知っている。ヨットのデッキを走る波をまともに食らうと、体が飛ばされることがある。私たちの祖先は水との付き合いにおいて、水の力を逃がすことを知っていた。例えば、信玄堤や沈下橋がある。まともに逆らっても敵わぬ相手ならば、力を

受け流して力を削ぎ、結果として生き残ることが重要である。

　ヨットの荒天時の凌ぎ方の基本は、風や波の力を受ける面積を小さくすること、逆らわないこと、逃がすことである。数値計算は重要であるが、それに加えて経験則を大いに取り入れるべきだと思っている。可能であるならば、学者や技術者が荒天時に実際に海に出て体感してもらいたい。

　NHKテレビの番組で、釜石市の小学生のグループが大津波から無事に逃げ延びたことを取り上げられていた。震災前から、群馬大学の教授が何度も小学校を訪れて、子供たちに津波の恐怖や逃げ方を教えていたようだ。小学生の一団が指定の避難場所を通り過ぎて、さらに遠くの高台を目指して一目散に逃げて行くけなげな姿が映像にあった。
　"揺れがきたら、即、津波"。とにかく逃げることが最善。

気仙沼からのメール　2011年3月18日

　地震発生後、1週間が経った。今朝、受信ボックスに待ち焦がれていたメールを見つけた。東北地方に住む友人たちに送った安否確認メールに返信が来たのだ。元「海洋計画」の社員、気仙沼出身のSさんからのものだった。現在は医師と結婚されて盛岡市にお住いであるが、地震の3日後に気仙沼に入り、避難所でご両親の無事を確認したとあった。気仙沼の中心部は壊滅状態にあるので、現在も大変な苦悩の中にあるだろう。被災地では各地からの救援が本格化している。通常の生活ができるようになるにはかなりの時間がかかるものと思われる。被災地に笑顔が戻る日が待ち遠しい。

　先週の地震発生の日から、私は毎日、出社している。通勤は時間帯を

ずらしたり経路を変えたりしているので、満員電車の混乱に巻き込まれたことはないが、食料の調達に往生している。昨日、近所にあるスーパーマーケットに行って驚いたのだが、24時間営業を看板にしていながら、営業時間は午前10時から午後2時半となっていた。食料品棚はガラーン。これでは買い物ができない。計画停電、入荷量減少、それとも買いだめが原因だろうか。

そんな中、水曜日に事務所で恒例の〈翔鴎〉セーリングクラブの飲み会「ツキイチバー」を開催した。交通事情や食品調達に不安はあったが、あえて強行した。地震発生前から予定されていた行事だったこともあるが、頭の片隅にイギリス紳士の行動指標があったかもしれない。期日、時刻は天体運動の産物であり、これを守ることは紳士の第一義とされている。イギリス生まれのスポーツであるサッカー、ラグビー、ゴルフ、ヨットレースを含めて、天候に左右されることなく、予定された時刻に開始される。参加、不参加を決めるのは参加者（艇長）判断にゆだねられるが、場を設定するのは主催者の義務である。

さて、ツキイチバーである。諸般の悪条件にも関わらず、多数の参加をいただいた。いつもと同じように、楽しい雰囲気の中で、談論風発、情報交換やワンポイントレッスンも行った。地震当日にセーリングをしていた参加者がいて、その報告によって一層、盛り上がった。

話題の中心は、やはり大震災であった。お伽噺のようであったが、ヨットで被災地へ救援に行くプランも飛び出した。ヨットには居住設備や通信設備が整っているので、避難所、救難本部としても利用できるのではなかろうか？　各地には多くのヨットが休眠状態にあるのだから、避難所としての可能性があるのではないか？　被災地の人々と苦しみを分かち合うことも大切であるが、圏外にいる人は日常生活を力強く生きて、被災者を支

える気持を持つことがはるかに重要であると思う。

日本の海を守ろう　2012年7月11日

　今日のニュースで、中国の漁業監視船が尖閣諸島周辺の日本の領海内を航行していたことを報じていた。海上保安庁の巡視船の立ち退き要求に対して、尖閣諸島が中国領土であると主張したという。日本国内では島の所有権をめぐって、都や国が購入を考えていることが伝えられているが、目に見える活動はほとんどなくて、私には悠長な話に聞こえる。尖閣諸島だけでなく他の島も一般人の立ち入りを禁止しているので、無人島のまま放置されている状態である。国連の海洋法条約に認める排他的経済水域の広さを確保するためには、そうした島々の存在が必要不可欠である。単に名目上の権利の上に居座っているだけで、島々や海を有効活用していなければ、周囲の国々からの干渉を許すことにならないだろうか。

　広さにおいて世界第6位の排他的経済水域を有する我が国が、海を有効活用する形態として比較的簡単に採用できる方法として、国境の無人島に人を住まわせることやヨットで日本の海を航海する人を増やすことが考えられる。言うは易しであり、実際にはかなりの困難が予想される。無人島に住むことに関しては次のような話がある。

　明治期に日本が小笠原諸島や硫黄島などの火山列島の領有を宣言した時、八丈島の住民をアメとムチを使って、それらの島々へ移住させている。私が12年前に訪れた北硫黄島は現在では無人島だが、村役場や小学校の遺構が残っているという。同じことを今の時点でやろうとしても、希望者はいないだろう。大がかりな開発プロジェクトのコンペでも行って

魅力を付加しなければ、とても住んでみたいと思う人はいるはずもない。

　他方、海の利用に関しては、ヨットでの航海を盛り上げるのが手っ取り早く、実現の可能性が大きいのではなかろうか。大ザッパではあるが、そのシナリオを考えてみた。

　最も東にあるのは南鳥島。東京から直線距離は約1,020マイル、父島から660マイル。最南端の島は沖の鳥島で、東京からの直線距離が約960マイル、硫黄島から460マイルである。両島ともに平均的なヨットで行けば、関東水域からは片道10日間の距離にある。また両島とも港はなく寄港はできないので、クルージングスポットとしての魅力に欠ける。父島に寄港するとして、往復20日あまりの航海を完成させるヨットマンが多数存在することが前提になる。

　幸いにもヨットの数は十二分にあるのだが、問題はヨットマンの数である。数隻のヨットではインパクトがないので、やはり3ケタの数字が必要だろう。そうなると、1,000人近い熟練外洋ヨットマンが必要になるだろう。さらに、1ヵ月近くの自由な時間を持てるヨットマンはどれだけいるだろうか。リタイアしたシニアヨットマンの数だけでは足りないので、現役サラリーマンにも登場してもらうとなれば、国や企業のバックアップが必要になるかもしれない。

　先日、ヨットマンの集まりで、面白いヨットレースは何かと聞かれた時、私は「南鳥島回航レース」を提案した。そして、多くの方から賛同をいただいた。過去に何度となく「ジャパン・グアムヨットレース」が開催されているので、荒唐無稽な話ではない。距離は200マイルほど長くなるが、季節を選べばグアムレースほど過酷ではないだろう。レースのいいところは、個々のヨットがクルージングするよりも、一度に多くのヨットが群れているシーンが得られることである。

さらに思いついたことがある。今年5月に小笠原へクルージングに出かけた際、〈翔鷗〉には日本ITU友の会アマチュア無線クラブ会長の木下重博さんが同乗していた。いろいろなお話の中で、アマ無線愛好者の中には無人島や離島から電波を発射することを夢見ている人がいるそうだ。沖の鳥島について言えば、これまで史上ただ1回だけアマ無線電波が発射されたことがあるという。もしも無線交信のチャンスがあれば、たとえ上陸できなくても、多くの愛好家が集まる見込みがあると語っていた。

　国会の先生方には、このような知識はないだろう。かといって、彼らを責めても仕方がない。国民の各分野から具体的で実行可能なアイデアを出して、実際に汗を流す覚悟がなければならない。

日本の領海等概念図。排他的経済水域まで含めると、日本の海の面積は世界6位の広さになる（海上保安庁海洋情報部HPから転載）

「百万人の数学」 2011年12月6日

　活字中毒といえるほど、私は本を手離すことはない。このところ読書の傾向が変わってきている。これまでは歴史モノや文芸書ばかりだったのが、最近は理数科系の本が5割近くを占めるようになった。高校生の時

代に理数系に早々と見切りをつけてからは、もっぱら文科系一途に歩んできたものだが、物理や数学が弱いと、人前で話す時私自身が未消化のままの内容をお伝えしなければならないことが心配になった。私の周囲には圧倒的に理数科系出身者が多い。彼らを通して分かったことは、数字や数式はコミュニケーションのための論理であり、言語だということである。理数科系の世界では言葉を使って回りくどい説明をするよりは、数式を使うとたちどころに理解されてしまうのだ。表現の方法は多い方が良いに決まっている。

今さら受験や資格試験でもないので、楽しみながらぼちぼち勉強を続けてゆくことにした。

昨年からトライしていた行列式は何とかクリアして、その後は電気や気象の数理計算にも手を広げている。余勢を駆って量子論に手を出してみたが、残念ながら軽く一蹴されてしまった。

レベルの高い本を読むと、自分のレベルが分かってくる。まだまだ前途遙遠の感がある。急ぐ旅ではない。理数科系の頭を作るために、毎日、欠かさずに本を読んだり計算を検証したりしている。

昔から、「航海術は幾何学、運用術は物理学」と言われているように、海の勉強は理数科と深いかかわりがある。これまで私が主宰する講座では小型船舶免許、ヨット、天文航法、無線工学、エンジンの分解組立の講習を手掛けてきたが、数理的な解明をできるだけ避けるようにしてきた。難解な理屈を多くの人に理解してもらうためには、四則計算以外に数式の類を使わない方が良いと判断したからだった。

実は私には長年、手元に置いている数学の良書がある。世界的な名著とされる「百万人の数学」である。20年以上前に購入してから、時々読んでみては跳ね返されている。興味深いのは数学と航海術は歴史的に深く

かかわりあっていることである。古代フェニキアの船乗りは、現在地を知るために天文学や三角関数を必要としたし、メッカ礼拝のために方位や距離を知る必要があっただろう。数学の起源は地中海を取り巻く中近東の人々によって始められた。アラビア数字、アルジェブラ（代数学）のように頭にアルが付く名詞はイスラムの名残りと思われる。

「百万人の数学」を読むと、数字そのものに意味があることが分かる。例えば、円周が360°であるのは何故か、100°や1,000°であってはいけないのか。円の外周長と直径の比をπとするが、桶職人にとってはπの値は3としてもかまわない。しかし、ロケットのエンジンを製作する人にとっては小数位の桁が10個ほど必要になること。

　現在の科学技術は先人たちの遺産の上に積み上げられたものであることが分かる。原発事故の後、ややもすると科学技術に対して冷ややかな視線が注がれることがある。科学技術そのものに問題があるのではなく、それをコントロールする人間の問題と思っている。科学技術の世界は専門が細分化され、かつ深くなっているので、分野が異なると意思疎通もできなくなるかもしれない。ましてや、理数科系と文科系のギャップはますます大きくなるに違いない。互いの共通項を得るためには、お互いに興味を拡げて歩み寄る必要があるかもしれない。

　そのような観点から考えると、理数科系と文科系がほどよく混合されているヨット遊びをすることが、こよなく望ましく見えてくる。常時、海に出ている漁師の皆さんは必ずしも高度な数学を身につけていらっしゃるわけではないけれど、自船の位置や天気変化を的確に把握されている。長年の経験によって感覚的に捉えているからである。

　ヨット遊びをするために、年季奉公のような時間をかけることができないとすれば、理屈や数理的な理解をすることが近道といえる。数学の勉

強は、私にとっては未だ入口にさしかかったにすぎないが、楽しみながら続けることによって世の中がもっと見えるようになりたいと思う。

土足禁止 2012年1月28日

〈翔鴎〉では進水以来、土足禁止の原則を続けている。キャビン内だけでなくデッキ上でも同様である。日本ではこのような方式を採っているヨットは極めて少数派と言えるのだが、船長の私の独断やわがままによって採用したのではなくて、長い経験と反省から生まれた合理的な判断によって裏付けられているのである。

私にとって〈翔鴎〉は船長として乗る3隻目のヨットになる。前の2隻（いずれも新艇で購入）では土足禁止ではなかった。その結果どうなったかと言えば、進水時の輝きは瞬く間に失われた。特にバースクッションの汚れが目立つようになった。ヨットではデッキ上すべてが腰をおろす場になるので、デッキが汚れていれば着衣の尻部分が汚れるだけではなく、その汚れが船内各部へ転移することになる。

〈翔鴎〉のさらなる特異点は、キャビンの床全てがニス塗りなので、靴底に付着したわずかな砂や泥でも、年月がたつうちにニスがはげることやビルジだまりに落ちて、ポンプの不具合の原因になると思われた。進水からの約10年間はリクルート社の社員研修施設として運航したので、不特定多数の乗員のために船内用の靴をサイズ別にそろえ、数十足の靴を常時搭載していた。

日本では時々、キャビン内のみ土足禁止という方式をとっているヨットを見かけるが、汚れの侵入や拡散に関してはあまり効果がないように思われる。ヨット全体を土足禁止にする方式は今後も変わることなく続けるつもりであ

第1章 | シーマンシップ

るが、「実践ヨット塾」修了者の間では定着率は低いようだ。乗り降りするたびに靴を履きかえなければならない煩わしさが嫌われているのだろう。

　靴に関して、私にはいくつかの思い出がある。〈翔鷗〉が進水してまもなく、ある寄港地にエッセイ「キャビン夜話」でお馴染みの田辺英蔵さんが訪ねてこられたことがあった。乗船許可を受けると、サラリとブーツを桟橋に脱いで裸足でスタスタとデッキに上がってこられた。その姿を見て、私はさすがと思うと同時に、大変爽やかな印象を持ったものだ。

　また、アメリカで乗せてもらったヨットでは、乗船前に靴を脱いだうえ清水シャワーで足を洗ったのちに乗船を許されたことがあった。ヨットは西欧から伝わったものなので、西欧の風習にならってキャビン内や家の中でも土足オーケーと思われがちであるが、実際はそれほど単純な図式ではないようだ。

　かつて、私がある西欧人の家庭に招かれた時、当日は雨降りでぬかるみの中をその家庭に到着し請われるままに家に入ったところ、きれいなカーペットの上に私の泥の足跡が点々としていたことがあり、恥ずかしい思いをしたことがあった。西部劇映画で見たことがあるが、玄関には靴の泥を落とすためのヘラが置かれていたり、玄関マットが幾重にも置かれていたりするのだ。それなりに家に入る際の手順があるのだ。靴を脱いだ方がはるかに簡便ともいえる。

　道路の舗装が一般的でなかった頃の日本では、旅宿に到着した際の最初の行動は足すすぎだらいで足の汚れを落とすことだった。日本家屋の畳は土足を受け

〈翔鷗〉のキャビン内。土足禁止の効果もあってか、船齢のわりにはきれいに保たれている

付けない。現代の日本では住空間がほぼ西欧と変わらなくなっているが、大部分の日本家庭では依然として、玄関で土足を脱ぐ習慣を続けているではないか。

ライジャケ考 2011年8月18日

　天竜川で8月17日に川下りの舟が転覆して、乗員・乗客が死傷する事故が発生した。子供を含めて23名が乗船していたが、救命胴衣を着けていたのは1名だけという。ニュースを見ながら、私の関心事は事故を起こした舟にはエンジンが搭載されているか否かであった。推進のためのエンジンが搭載されていれば、「船舶職員及び小型船舶操縦者法」が適用されるので、12歳未満の子供にはライジャケ（救命胴衣）を着用させる義務がある。事故を起こした舟と同型舟の写真を詳細に見ると、船尾から少し前に寄ったところにエンジンウェルがあって、船外機が設置されていた。

　日本全国で推進動力のない舟での川下りが行われているが、小型船舶操縦者法が適用されないことになり救命胴衣着用の義務はない。法律の不備であるような気がするが、かといって人力推進の舟すべてに小型船舶操縦者法が適用されて、免許や救命胴衣の着用を義務付けるのも酷な話かもしれない。遊園地のボートやレガッタ競争などには救命胴衣が馴染まないものがある。船舶安全法における検査と同様に、推進動力がない舟であっても一定の旅客定員を持つ舟には小型船舶操縦者法が適用されるようにしたうえに、12歳以上の乗客についても救命胴衣装着義務を課すべきかもしれない。

第1章 シーマンシップ

　私的にはこれで一件落着のつもりであったが、にわかに先日読んだ本の内容が気になり出した。太平洋戦争末期にフィリピンの東方で乗艦が沈没して、カッターに乗って自力帰還する話であったが、生存者は誰一人として救命胴衣を装着していなかった。3日間も泳いで、カッターに引き上げられた直後に衰弱と安心感から息を引き取る話もあった。太平洋戦争中に軍艦や輸送船が沈没して乗員が海を漂流する話が数限りなく発生したが、漂流者が救命胴衣を着けていた話を聞いたことがない。
　アメリカの戦争映画を見ると、艦船の戦闘シーンでは全員が救命胴衣を着けている場面が見られる。日本の軍艦や輸送船にも救命胴衣を着用する規則があったならば、何十万人の生命が助かっていたに違いない。救命胴衣を着けていれば助かったであろう生命。これほど単純な理屈がなぜ、当時のコンセンサスにはならなかったのであろうか。私なりの想像で述べると以下のような理由や考えがあったのだろう。

①人命軽視。兵士は1銭5厘（召集令状発送の切手代）の費用で無制限に供給することができる。
②戦闘意欲減退。自分の生命を心配していたのではまともな戦闘ができない。死ぬ覚悟で戦闘すべき。
③救命胴衣を着けていると、漂流時に苦しみを長引かせる結果になる。
④救命胴衣を着けて、高い甲板（10m以上）から飛び込むと着水と同時に頸骨骨折で死亡する。
⑤充分な量のカポック（救命胴衣に使用される浮力体）の入手が困難であった。

　かなり荒唐無稽な意見だと思われるが、もしも現代においてこのよう

な考え方の一部でも引きずっているならば、水難事故が減らないだろう。

さて話は変わるが、東日本大震災の教訓から、政府は防災から減災に舵を転じた。これまでは災害をシャットアウトするため高い防潮堤や防波堤を築いて津波や高波を防ぐことを考えていたが、想定外の災害には役立たないことが分かったので、今後は逃げることを優先するという考え方に変わった。海辺の住民は高台に住宅を求めることにして、必要な施設のみを海岸近くに設置する方法である。

減災政策の第一番に、低地で活動する人には救命胴衣を人数分、準備すべきだと思う。3.11の津波に対しても救命胴衣が準備されていれば、死者、行方不明者の数があれほどの数にはならなかっただろう。さらに、救命胴衣だけでは寒い時期には生存がおぼつかないので、保温と浮力に効果のあるサバイバルスーツを開発して、配布することが望ましい。

あるオールドソルトの引退　2008年10月29日

本日、岡宏さんという方が来社された。来意は、長年楽しんできたヨットを手仕舞いにすることにし、そのご挨拶に出向かれたものだ。岡さんの意向は九里保彦さんのブログで知っていたが、岡さんとしてはヨットを始めるきっかけが「海洋計画」だったので、終える時のケジメという気持ちからだろうと思われる。

岡さんは1999年の12月に開講した第7期「実践ヨット塾」の修了者である。60歳を過ぎて、私どものところでヨットを始められた。初めてお目にかかった時は実際の歳よりも老けて見えたので、穏やかにヨットを楽しむ方法を伝える方針でいた。第7期「実践ヨット塾」は、今でも鮮明に憶

えているのだが、受講者は女性2名、男性3名であり、2000年の1、2、3月に乗船実習を行った。毎回、20m/sを越える強風が吹いて、連日、大苦戦の乗船実習になった。

　ヨット塾開設以来唯一の出艇見合わせが起きたのは第7期の出来事である。天候の具合、乗船者の顔ぶれを見て、出艇の是非を判断したのは正しかったと思っている。

　ヨット塾修了後、岡さんは伊東港でヤマハの25ftにしばらくお乗りになっていたのだが、ある時、大きいヨットを希望されたので、パイロットハウスのあるヨットをお勧めした。最終的には林賢之輔先生設計のMS33になった。それ以降、岡さんのヨット人生は炸裂した。たった一人で数度にわたって、瀬戸内海を往復されたり、つい昨年まで年間200日を越える出艇回数を達成され、伊東サンライズマリーナの記録をお持ちである。

　ヨット塾修了者の中には幾多の過激なヨット乗りがいらっしゃるが、ベストスリーに入るかもしれない。

　お目にかかって感じたことは、未だ海やヨットに対する熱意は失ってはいらっしゃらないことだ。岡さんが乗っていなかった時に、ご自分のヨットがトラブルに遭い、それが元でいろいろな不具合が生じて気持ちが落ち込んでいらっしゃる。

　お帰りになる時、岡さんの後姿を見て、私はドキッとした。若い腕っこきヨットマンの歩きであったのだ。9年前に見た老いは、今の岡さんには微塵も見受けられない。この9年間、岡さんがいかにヨットをやり、困難に挑戦し、ヨットの腕を鍛えたかが無言のうちに伝わってきたのである。

|第2章|
下田にて

下田港 2008年11月17日

　ヨット〈翔鴎(かもめとぶ)〉が下田港に係留するようになって、今年で23年目になる。〈翔鴎〉が進水した1986年当時は関東水域には60ftの大きさのヨットを係留保管できるハーバーは、下田以外には存在しなかった。進水後の9年間は大手情報産業のリクルート社所有だったので、会社の意向によって毎週末、下田〜油壺を往復した。自宅から下田までの陸路は最初の頃は長く感じたが、最近では往路はワクワク夢が膨らみ、復路は大宴会で帰ってくるので時間の長さを感じなくなった。何といっても、下田の海がすばらしい。そして、住んでいる人たちが実にイイ。

　今から40年近く前から下田は気に入っていた。昭和40年代に私は横浜から相模湾クルージングに出かけたことがあった。三浦半島の三崎に寄港した時、地元の人がやってきて、いきなり「何しに来た？」。それに比べて下田入港時には「どこから来たの？」。港町はいずこも気が荒いものだが、下田は優しく穏やかな人が多いという印象を持ったものだ。

　最近友人の伝言によって知ったのだが、日本全国300以上の港に入港経験のあるヨットマンが書いているブログで、下田港を紀伊勝浦やハウステンボスと並んでお気に入りベストスリーに挙げているという。

　20年以上も〈翔鴎〉のホームポートとして下田港を利用しているので、下田港の良さを十分知っているうえに、最近はますます気に入っている。伊豆諸島と指呼の間にあり、神津島へは日帰りも可能。下田港内は商業船の出入港がほとんどないので、私どものヨットスクールの実習課題を存分に実施できる。さらに、係船場所が無数にあるのでヨットレース等のイベント開催も可能である。もちろん、街の中にあるので、温泉、食事、補給、修理が便利。

| 第2章 | 下田にて

欠点は、気象が厳しいことだ。半島の先端は世界中どこでも厳しい気候だが、極端な例では喜望峰は東京と同じ程度の緯度でありながらツンドラ地帯になっている。喜望峰の先は南極大陸まで、海が開けている。下田は年中、強風が吹いていて船は傷みやすいが、荒海の経験をしたり緊急事態のトレーニングには絶好と言える。関東水域のヨットマンはクルージングの目的地に伊豆七島を選ぶことが多いが、クルージングの途中、例えばエンジンが壊れた時、セーリングで入港可能（物理的な意味で）な港は関東水域では下田港以外には考えられない。それに、入港して港内のどこか適当にアンカーを入れれば、後は下田ボートサービスのスタッフから親身に面倒を見てもらえる。困った時、緊急事態になった時に備え、最後の切り札として心のポケットに残しておく港、それが下田港だと思う。

下田港に係留された〈翔鴎〉。20年以上、ここを母港に活動した

緊急入港 2011年12月19日

昨日の日曜日、朝食の最中に友人の九里保彦さんから電話が入った。九里さんの友人が乗るヨットがトラブルのために、下田港に早朝、緊急入港したとのこと。残念ながら、当日、私は下田には行かなかったので助けにはなれなかったが、下田ボートサービスの助力で無事にトラブルを解消し

たようだ。九里さんから詳しい話を聞いて、はなはだしく感動してしまった。

　九里さんの友人は三浦半島から和歌山県まで、ヨットを回航中、御前崎港の手前でエンジントラブルが発生して、下田港への帆走入港を決断した。この時期の徹夜航海はものすごく厳しいものだ。当日の海上は西風が10〜15m/sで吹いていた。

　適切な判断だと思うことの一点目は、追っ手のコースを選んだこと。二点目は帆走入港の場所として下田港を選んだことである。

　私は、風向に関係なく帆走入港できる関東水域唯一の港が下田港だと思っている。港内は広いうえに錨泊に適した水面がふんだんにあるからである。さらにいいことは、入港後は下田ボートサービスの伊藤秀利社長が親身に面倒見てくださるので、ほとんどの厄介ごとが解決してしまうのだ。

　普段から港に親しんで、入港方法を熟知しておく必要があるだろう。トラブル発生時にいきなり知らない港に入港するのは危険である。時には、夜間入港もあり得ることも考えておく必要がある。

　10年以上前に、私がちょうど下田にいた時、1隻のヨットが海保の巡視船に曳航されて入港してきたことがあった。そのヨットはディスマストして漂流していた時に救助されたものであった。桟橋でマストやセールを回収するのを手伝ったのち、オーナーからてんまつを聞くことができた。

　北東の強風が吹く中を新島から三浦半島まで帰ろうとしていたようだ。しかも同乗者のほとんどがフェリーで帰ってしまったために、お父さんと小学生の子供しか乗っていなかった。新島にはヨットを預かる施設がないので、無理を承知の船出であった。

　その時、私は思ったものだ。下田港を選択すべきだったと。下田へのコースをとれば、マストに負担をかけずに済んだ上に、入港が早くなるので、ヨットを預けて陸路を帰れば、余裕で家へ帰れたはずだ。

第2章 下田にて

散骨 2008年8月20日

　一昨日、ヨット仲間の齋藤浩さんのお通夜へ出かけた。齋藤さんはこの10年間、一緒に〈翔鴎〉に乗っていた仲間である。月に4日間、〈翔鴎〉を出す時は必ず乗船されていた。齋藤さんはテレビキー局を定年退職されてからヨットをお買いになり、下田にヨットを置いて近くのセカンドハウスに独り住まいされていた。まさに、誰もが憧れるリタイア人生であった。

　一緒に小笠原へも行ったし、冬の大シケの海も走った。ご自分のヨットにはほとんど乗らずに、いつも〈翔鴎〉であった。天候にかかわりなく出航するという、私どもの方針を気に入ってもらったようだ。〈翔鴎〉では齋藤さんの定位置はメーントリマーであり、食事の場では専ら飲み物作りであった。時々、新入りクルーが気を利かせて手を出すと、優しくたしなめられるのが常であった。〈翔鴎〉のメンテにも毎回参加され、時には雨が降ってニス塗りができない時には、晴天の日にニス塗りをお願いしたこともある。私たちにとっては大変ありがたい存在であった。

　お通夜の葬祭壇では、遺影はヨット乗船時のもの、周りにヨットで使う小物が並べられていた。彼岸へ行ってもヨットができるようにと、ご遺族の思いであろう。私たちは真のオールドソルトを一人失った。

　齋藤さんとご遺族の希望で、近いうちに下田の海で散骨をすることになった。散骨については私は未経験であるが、何かいろいろと制約があるようだ。できれば将来私もやってもらいたいので調べてみたところ、何とかやれそうな気がしてきた。

　陸地から十分に離れること、遺骨を粉末状にすること、葬祭にふさわしい節度をもつことが求められているようだ。亡くなった人の霊魂がお墓の中にあるかどうかは人の心の問題かもしれないが、大自然の中にあると思

えば心が安まるのではないだろうか。

　下田ボートサービスの伊藤社長は大乗り気で、齋藤さんが大好きだった「青酎(あおちゅう)」を用意していて、散骨の際に海にたっぷり呑ませるらしい。さらに、いい話を聞いた。過去に下田の海で散骨を行った家族が毎年、下田へやってきて海の見えるホテルに泊まり、故人をしのびながら一族団欒の時を過ごすそうだ。最近は先祖伝来のお墓が遠い場所にあって、墓参りが困難な人が多いと思われる。一族の旅行を兼ねて景色の良い場所で故人の思い出に浸るのも良い方法かもしれない。

ヨットのハイテク化 2011年1月25日

　知り合いのオーストラリア人のヨットマンが、里帰りのクルージングに向けて準備をしている。

　この1年間ほど私が下田へ行くたびに、彼宛の機材が届いているので、ヨットはハイテク機材で溢れているのではなかろうか。先週末は24インチのテレビモニターが届いていた。軽量、超薄型で、重量は6kg以下の壁掛けタイプ。パソコンにつないで位置情報をコクピットにいながらモニターできるようだ。すでに、風力発電、レーダー、造水機、自動操舵装置、エアコンやAISが装備されている。ハイテクヨットの見本市に出展できるほどだ。安心、安全に加えて、快適までも実現したかもしれない。彼にとっては、ヨットによる海外渡航は人生の最大イベントの一つになるかもしれないので、準備は入念にして後悔が残らないようにしたいのだろうと思われる。

　彼宛に届く荷物はすべて海外からのものなので、外国ではヨットのハイ

テク化は相当に進んでいるものと思われる。ヨットの上でも陸上の生活と変わらない便利さを求める傾向は今後さらに進むものと思われる。

　反論する方も多いと思われるが、これもヨットであり、いろいろな立場の人がさまざまな動機でヨットに参入しても良いのではないかと思っている。

　かつて、私のヨットに同乗した方が大シケの海を経験した後に「なんで高い金を使って、こんなヒドイ目に遭わなきゃならないの」とおっしゃったのを思い出す。同じお金を使うならば、温泉に入って、豪華な食事を満喫した方が良いと思う人も多いことだろう。

　私の乗る〈翔鴎〉は大型ではあるが、装備はいたってシンプルである。設計者の林賢之輔先生の意見は「レーダー、自動操舵装置、造水機は取り付けてはダメ！」ということであった。進水当時、私も若かったので、若い人は苦労しなければならないというのが林先生の思いだったのだろうか？しかし、進水後5年足らずのうちに、レーダーと自動操舵装置は必要に迫られて取り付けてしまった。

　ハイテク装備にはいろいろなメリットがあるがデメリットもあるので、ハイテク装備との付き合い方を理解しておく必要がある。

　ハイテク装備の最大の難点は壊れることである。使用していなかったというだけで故障することがある。頻繁に作動させて、いつでも使用できる状態を維持していなければならない。つまり、守備しなければならない範囲が増えることでもある。

　さらに、ハイテク装備が壊れると最初から積んでいなかったよりも不便を感じたり、時には危険になることもあり得る。依存の程度を軽くするとともに、ハイテク装備がなくても安全航行できる実力を保持するすることが肝要だ。

　ヨットの安全・安心・便利・快適を追求してゆくと、どんどんエスカ

レートすることになるので、私自身は高度なハイテクは望まないことにしている。"あれば便利"という程度のものは避けて、安全上必要なもの、常時使用するものにとどめたいと思っている。

シケツバメ 2009年7月21日

　私は周囲の人たちからシケ大好き人間と見られているようだ。海が時化だすと、顔の表情が緩んでニコニコ顔になるらしい。ヨットマンであれば誰でもが、風が全くないよりもありすぎる方を好むと思われるが、それにも程度がある。私は過去に風速50m/s以上の大時化を二度経験しているが、その時はどんな顔をしていたか、果たしてニコニコしていたか否かは覚えていない。

　日本近海はイギリスと同様、世界でも有数の変化の激しい海である。年間を通して、3日に一度くらいの割合で10m/s以上の風が吹いているような感じである。時化を嫌っていてはヨットに乗るチャンスはなかなか来ないかもしれない。私が初めて本格的な時化に出会った日のことを今でも覚えている。

　横浜を出航して大島沖で相当に吹かれ、ほうほうの体で大島岡田港へ入港するや否や、地元の漁師さんがやってきて、ありがたいアドバイスをいろいろいただい

強風、大波、みぞれの中をセーリングする「実践ヨット塾」の参加者

| 第2章 | 下田にて

たうえに自宅へ招かれて、お風呂をいただいたことがあった。私たちのヨットを陸上からハラハラしながら、見守っていたという。漁師さんの言葉。「海の上にはお隣さんはいない」、「駄目だと思った時はイサギヨクなれ！」。前者は海の上では助けてくれる者はいないよという意味であり、後者は命を捨てるくらいの気持ちにならないと、助かる命も助からないという意味である。

　現在、私のヨットがいる下田は一年中、強風が吹いている感じである。冬でも乗船したら、必ず出航することにしているので、出航するたびに猛烈な風と波を体験することが多い。

　風速が15m/sを超えて、波が高くなってくると決まって現れるのがシケツバメである。海面ギリギリに波頭を掠めるように飛ぶ姿はツバメそのものだが、陸上で見かけるツバメとは種類が違うようだ。陸地を遠く離れた大洋の真ん中でも見られるので海の上だけで生活していると思っていたら、陸地で巣作りや子育てをシッカリやっているという。中華料理で使われる高級食材のツバメの巣というのはシケツバメの巣を指しているようだ。正式名称は海燕といい、ウミドリの一種であり、海岸の岩場に巣を作っている。多分、海草や小魚を材料に使って巣を作るのだろう。日帰りできないような遠くまで羽を伸ばしている姿はけなげである。

　しかし、シケツバメは時化の海で採餌行動をしているとは思えない。彼らに食べられそうな小魚の類はいないので、多分、高波を回避するための必死の行動なのかもしれない。彼らの果敢な行動を見ていると、私にも勇気が湧いてくる。

　海燕のことを英語の俗称ではストーミーペトレルと呼ぶ。私は昔、トラブルメーカーをストーミーペトレルと、こっそり呼んでいたことがある。トラブルメーカーよりもはるかに可愛らしいネーミングだと思う。

私は数え切れないほどシケを経験したが、人並みにシケに対する恐怖心を持っている。シケが来るまでは恐れを持っていなければならないが、一旦、時化の海がやってきたら、恐れをかなぐり捨ててテンションをフルに上げて、シケツバメのように果敢に行動することだと思っている。

台風接近 2010年9月29日

　台風12号は急速に発達して、週末に関東の東を北上していった。25日土曜日に最接近する予想だったので、台風の様子が見たくて、私は下田へ行くことにした。

　当日の気象通報では以下のようになっている。

　台風は25日正午現在、銚子市の東約380kmにあり、中心気圧は955hPa。中心の最大風速は40m/s、最大瞬間風速は55m/s。中心から半径260km以内が風速25m/s以上の暴風となっている。

　下田港は東側に小高い山が控えているので、北東風であればヨット停泊地は静かである。下田ボートサービスによって万全の台風養生をしていただいているので、私たちオーナーは何もすることはない。〈翔鴎〉の係留地を下田に決めた当初は台風が接近するたびに、私は下田に来ていた。大荒れの最中にヨットに留まっていて、陸地へ帰れなくなったこともある。

　以前、自主管理のハーバーにヨットを係留していた時の感覚では、台風時にヨットへ行き、ヨットを守ることは当たり前のことと思っていた。大きなうねりが打ち込んで、もやいロープが引き千切れて、ヨットが遊び始めるさまを多く見てきた。たとえ１隻でも遊び始めると、周囲のボートに次々と衝突を繰り返して、大被害を発生させることがある。平時には思いも及

ばない様相を見せるのが台風時のハーバーである。

　安全のためには台風接近時にフネに近づかない方が賢明だが、クルージング中に知らない港へ避難入港することもあるので、大荒れの港に関する経験や知識をストックしておいても邪魔にはならない。大荒れの港内で、最も怖いのはうねりである。岸壁係留していると、ヨットはうねりに乗って前後に動き、瞬間的に過大な力がかかって太い係留ロープが次々に切れてしまうことがある。対策としては係留ロープを長く取ることや、水を入れたポリタンクを係留ロープの中間にぶら下げて、ショックアブソーバーを設けることがお勧め。

　ポンツーン式の桟橋も決して安全ではない。潮の干満を考慮しなくても良いので、係留ロープは短くなりがちである。ショックの逃げ場がないので、ロープが切れるか、クリートがぶっ飛ぶ結果になる。

台風は怖い、津波はもっと怖い 2011年8月30日

　台風12号が近づいている。気象庁の予報を見ると、9月2日に関東地方に最接近もしくは直撃のコースになっている。できることならば予報は外れて、東の海上へそれて欲しいところだが、このところ気象庁の台風の進路予想は驚くほど正確になっている

　先月末に襲来した超大型の台風6号は紀伊水道を北上して、徳島県に上陸した後、右へ直角にターンして、再び海上に出て潮岬沖を北上して日本から遠ざかった。気象庁の予報は台風6号に関しても、その不可解なコースをほぼ正確に当てていた。

　私の印象では、今年の台風の特徴は周期が長いことであるように思わ

れる。台風の寿命は誕生から終息まで、通常は1週間程度であるが、今年の台風はほぼ2週間である。台風が長く日本周辺の海域に留まって、強風と大雨をもたらしている。先日の新潟や会津地方の洪水も台風がもたらしたものだ。

　台風が発生して日本に接近してくるにつれて、私は毎回、心配がつのってくる。あたかも全ての台風が私のヨットがいる下田を目指しているように思えるから困ったものだ。避けられないとすれば、早く通り過ぎてくれるのを祈るばかりだ。

　下田にヨットを置くようになってから過去26年間に3度、台風による被害を受けているが、そのいずれも大したことがなくて、全て保険によって復旧することができた。私が最も怖れているのは津波である。津波は根こそぎ持っていってしまうだけでなくて、保険が適用にならない。風水害特約を付けていても船に関しては津波による被害には不適用である。

　歴史を顧みると、下田は安政年間に津波による大きな被害を受けている。ロシアの軍艦〈ディアナ〉号は下田に停泊中に津波による被害を受け、舵や船尾に航行不能となる損傷を受けた。この時は津波が来る前に、関東と関西に大地震が発生している。いわゆる東南海地震と思われるが、今年3月の三陸津波とは震源が異なる。

　津波には対抗手段がないので、逃げるしか方法はない。東南海地震の予兆のようなものが確認できたら、津波を避けるために日本海側へ避難することを考えておきたい。

| 第2章 | 下田にて

今、そこにある危機 2011年4月6日

　東日本大震災直前の週末は下田でヨットの講習会を開催していた。その日の受講者は女性2人だけであった。1人はヨットが初めてという若い女性であり、他方は熟年の主婦で旦那さんと2人でヨットに乗っている方であった。いつもは数名のボランティアの助っ人に同乗していただいていたが、当日は他の受講者も都合のつく人がいなくて、私を含めて3人だけの乗船となった。60ftヨットに3人で乗るというのは贅沢な話かもしれない。

　土日の2日間、出艇したが、初日は微風で楽勝ムード、2日目は10m/sを超える西風が吹いて大車輪の展開となった。下田ボートサービスの手助けもあって、無事に終了となったが、後になって2人の女性が前夜に話したヒソヒソ話が伝わってきた。

「セーリング中に、もしも船長（私のこと）に事故があって、2人だけがヨットに残されたらどうしようか」

　お二方に大変な緊張を強いる結果となったが、このように思い至ったのは全く正しい。しかも、対処の方法も考えていたというからさらに凄い！

　セーリング中のヨットからベテランが消えて、ビギナーのみが残されるというのはあり得ないことではない。ヨット上にはいろいろな危険が存在する。私は過去に多くの人とヨットに乗ってきたが、ベテランとそうでない人の見極め方は、セーリング中のヨットに存在する危険の種類をどれだけ理解しているかで判断している。

　全てに対して心の準備ができていれば、実際に起こるトラブルの際にもあわてたり気が動転することはない。しかし、思いもしないことが起こることがある。これが事故である。

　私が過去に聞いた話を紹介しよう。

1947年に飛行機と列車が衝突するという八高線（八王子-高崎間）の事故が起きた。当時、事故現場を管轄していた元拝島保線区長から、直接、話を聞く機会があった。事故の第一報は「飛行機と貨物列車が衝突した」であった。あり得ないと思ったそうだ。続報が入って、初めて現実の事故だと気づかされた。終戦間もない頃だったので、占領軍の情報統制によって日本国民には知らされていなかったが、かなり後になって明らかになった。米軍のパイロットが面白半分に鉄道橋梁をくぐろうとして、誤って貨物列車と衝突したものだった。元拝島保線区長の話のテーマは危機管理に関することであったが、何が起こるか分からない世の中においての心構えを説くものであった。

　さて、本論に入ろう。原発事故についてである。原発事故の一連報道で気づいたことがある。"この道はいつか来た道"である。作家の五味川純平さんが書いた「ガダルカナル」での主張につながるものがある。「ガダルカナル」は単なる戦記物ではない。ガダルカナル戦の顛末については多くを語る必要はないと思うが、日本人の陥りやすい悪弊の結果、無残な結果となったことを五味川さんは指摘されている。

　すなわち、ガダルカナル戦の頃から連合軍の本格的な反攻戦が始まっていたにもかかわらず、敵を過小評価して対策を立て、小兵力を逐次投入する愚を犯した。不都合な情報は闇に葬られて、都合の良い成果のみが喧伝されるようになる。さらに、軍の組織についても言及している。戦争不拡大路線を主張するものは中枢から遠ざけられて、同じ拡大論者ばかりが軍のトップを占めるようになる。そして、誰も責任を問われることのない無責任組織が出来上がるのである。

　戦後に多くの反省がなされたと思われるが、これらの学習経験が軍事関係者の内だけで留まることがあってはならない。

私が危惧しているのは原発行政に携わっている人たちが、同じ過ちを辿ろうとしていなかったのか。原発推進派だけで構成されていなかっただろうかという点。組織内には常に批判勢力がいなければ、大きな誤りを犯す可能性が大となる。反原発の学者、原発専門外の人、例えば防災専門家、気象学者、危機管理専門家のほか異分野からも多くの人を起用して、活動できるものにしなければならない。

オープンポート 2012年2月15日

　ヨットで海外旅行した時、寄港地が近づいて最初にする仕事は検疫錨地を探すことである。検疫錨地に錨を下ろし、黄色の検疫旗をマストに、日の丸を船尾に掲げて待っていると、ボートに乗った検疫官やイミグレーション係官、税関が順番にやって来て手続き終了ののち、晴れて上陸可能になる。ただ国によってやり方が違っていて、丸一日間、待っていても誰も来ない場合や検疫錨地の指定がない港があったりするので、事前に港の情報を収集しておく必要があった。いきなり上陸すると密入国者として逮捕される恐れがあるので、慎重にコトを運ばなければならない。時には状況を見極めたうえで直接、岸壁にヨットを接岸上陸した後、タクシーで港湾事務所へ出向いたこともあった。

　これらの入国手続きができるのは、港であればどこでも可能なわけではない。その国の国内法によって、オープンポートに指定された港でなければならない。事前の情報がない場合は、海に面したどこかの大都市を最初の寄港地に選ぶことによって入国手続きを行った。

　先週末に下田へ行きヨット仲間と歓談していた時、下田ボートサービス

の伊藤社長が面白い話をされた。"下田港をオープンポートにしたい"と。単なる個人の希望であったが、私には思い当たることがあり賛同の意をお伝えした。

日本ではオープンポートのことを開港場といい、関税法の政令によって定められている。現在は全国に120の開港場がある。下田港は安政年間の日米和親条約によって開港した、函館と並ぶ日本最初の開港場である。言うならば、歴史的な港であるにもかかわらず、いつの間にか不開港場となって現在に至っている。開港場の要件として、貿易貨物量や出入国の旅客数の下限が決められているようだ。

下田へ寄港する外国船はほとんどヨットに限られるが、寄港のつど門前払いのようにして清水港や横須賀港へ回ってもらっているようだ。下田港へ入港できる外国ヨットは、他の開港場で入国手続きした後、不開港場入港許可証をもっているか、もしくは緊急避難のために72時間の臨時滞在のものに限られる。

私は世界の多くの港に寄港した経験から思うのだが、日本ほど外国から来たヨットに冷たい国はないのではなかろうか。アメリカのサンディエゴやホノルルではマリーナの桟橋で簡単な入国手続きで済ますことができたし、カリブ海の小さな島でも、たった1人の係官が全ての手続きを担当してくれた。日本では外国船に対する入国手続きは船の大小や入国目的にかかわりなく同じように実施している。そのために、外国ヨットの船長は書類の山と格闘しなければならない。こういうのを平等と言えるのだろうか。

日本の未来を考えると、貿易貨物量が飛躍的に伸びることは期待できなくなっている。今後はお金や情報の移動が活発化するだろう。しかも、今後の日本は観光立国としても成長しなければならないとすれば、外国人観光客やヨット乗りに対しても門戸を開いて、便利にする必要がある。

第2章 下田にて

　下田はペリーの艦隊が寄港した港だけあって、外国船にっとっては便利であり入港したくなる港に違いない。改めて開港場に指定すると、通常は立派な建物やお役人の団体が必要になるはずだが、そんなものはなくてもリタイアしたお役人の希望者を1、2名置いて、検疫や入管、税関業務を兼務するようにすればよい。

　下田港と同じような立場にある港が全国には他にも多くあるはずである。行政改革といえば、お役人の人員削減や給与カットばかりが話題になるが、行政サービスを向上させながら費用をかけない方法があること、そして何よりも日本が元気になるようにすることだと思う。

| 第3章 |
「実践ヨット塾」

教えることは二度学ぶこと 2008年6月29日

　多くの話題の中で、昔乗っていたヨットで先輩がヨットの技術を教えてくれないというのがあった。見て、盗めという意図かもしれないが、職人の世界ではよく聞く話だ。結局、職人のようなヨットマンがいるということになった。私も過去にそのような場を経験したことがある。ある古参のクルーに、新入りクルー向けに、あるヨット技術を指導するよう依頼したところ、拒絶された。

　本人の言い分では「その技術を習得するために、大変な時間と労力をかけたので、簡単には教えられない」と。その時は私が新入りクルーに解説して、簡単に教えてしまったが、古参クルーに対する変なわだかまりが残ってしまった。なけなしの技術を後生大事に抱えているだけでは発展が望めない。

　ヨット教室では自分が習得した技術や知識は求められれば、洗いざらい受講者に教えることにしている。いつも頭の中の風通しを良くして、常に新しい技術が入って来られる余地を残しておきたい。教えるか否かよりも、いかにして技術を伝えるかを考えることが多い。教えることで、新しいヒントが生まれ、新技術に発展することも多々あった。

　考えてみると、モノを教えるということは教わる方よりも教える方に、よりメリットがあるように感じる。一生懸命に教えても教わる方は右から左に抜けてしまう場合もありえる。問題意識を持って、苦労して獲得した知識、技術でなければ本物ではない。したがって、教えないことも教育なのだ。徒弟制度下では親方が弟子にモノを教えたがらないのはキチンとした理由があるのかもしれない。

荒天航法 2008年7月2日

　6月23日に千葉県犬吠崎沖で発生した巻き網漁船〈第58寿和丸〉の転覆沈没事故の関連で、パラシュートアンカーがマスコミの話題に上るようになった。事故の詳細を聞くと、事故時に〈第58寿和丸〉は船首からパラシュートアンカーを流して漂流していたという。パラシュートアンカーはシケを乗り切る方法の一つとして使用するほか、ある地点で停船するために使用することがある。事故当時の現場では10m/s程度の風と3mの波高の波があったらしい。私たちが乗るヨットに比べればとてつもなく大きい船であるが、その程度の海況で転覆するとは信じられない。海へ出れば、毎日のように出会う程度の海況である。

　ある専門家は、現場では三角波が発生していたのではないかと指摘している。風と波が同じ方向から来ている時、船首を風位に立てるのに有効ではあるが、風と波の方向が異なる場合はパラシュートアンカーは役立たない。むしろ走っていた方が安全であったのではないかと思う。帯状の波が来ている時は波の頂点で船を波と平行にして、浸水面積を多くして復原力を維持できるが、三角波では波が突起状になって発生するので浸水面積が減少し、復原力が消失することとなる。

　ヨットは一般の船に比べればはるかに安全だが、台風の眼の中に入った時のように風向や波が不規則になった時は、いかに厳しくてもロープやパラシュートアンカーを流す方法をとってはならない。セールを揚げられなければエンジンで走った方が良い。スピードを保って、波にあわせて走り続けなければならない。

　〈第58寿和丸〉の事故は大変痛ましいものであるが、私たちは大いに教訓にしなければならない。

ヨットと女性と船酔い 2008年8月22日

　時々、知り合いをヨットに誘うことがあるが、3人に1人くらいの割合で、「ヨットには乗りたいけれど、船酔いがネー」という答えが返ってくる。楽しいヨットには、船酔いというハードルがあるのだ。船酔いを心配する人には、決まって講釈をたれることにしている。90％以上の人が船酔いになるのだから、船酔いするのがむしろ正常だと。さらに船酔いする人の大部分はすぐに慣れてしまう点も付け加えたい。

　私自身もかつては船酔いに苦しんだことがあり、この40年間いろいろな船酔いを見てきたので、知識としては膨大なものを持っているつもりである。船酔いのメカニズムは、目から得られる情報と三半規管の情報のギャップといわれている。したがって、ヨットのデッキ上で作業している時は普通であっても、キャビン内に入って周囲の景色が見えなくなると気分が悪くなるという人が多い。

　長年の経験から言えば、船酔いは心理的な要素が大きいといえる。私も初めてヨットに乗った時、海が穏やかだったにもかかわらず、船酔いしてしまった。船酔いしやすい体質なのだと思う。その後、船長になったら全く船酔いしなくなった。船酔いをしていられない状況になったからだと思う。旧制度の小型船舶一級では5トン程度のクルーザータイプのボートで講習していた。約3割の受講者が船酔いして、全く講習にならないことが多々あったが、試験の際に酔った方は皆無であった。この経験を生かして、セーリング中に気分が悪そうな人を見つけたら、舵を持ってもらったり没頭できる作業を担当してもらうことにしている。

　ヨットに女性が少ないのは、船酔いとトイレの問題があるからだろうと想像できる。私どもでは家族でヨットを楽しめる環境作りを目指していて、

第3章 「実践ヨット塾」

奥さんが舵を担い、旦那さんが力仕事を担当するのが望ましいと考えている。たまに家族でヨットを動かしているシーンを見かけるが、旦那さんだけがスーパーマンのようにデッキを飛び回っている。多くのヨットでは女性をお供え物のようにして、デッキに鎮座させている。ヨットを走らせることに参加してこその楽しみである。そうでなかったら、船酔いを我慢して、トイレを我慢して、ヨットに乗ることが苦痛になってしまうに違いない。

船乗りの歩き方 2011年11月14日

　20代の頃、私は一時、シャーロック・ホームズに凝っていて、シリーズのほとんどを読みつくしたものだ。本のタイトルは忘れてしまったが、今でも印象に残っているシーンがある。ある男性がシャーロック・ホームズのベーカー街221ｂ番地の事務所を訪ねてきた時、シャーロック・ホームズは初対面の男に向かって、「あなたは船乗りですね」と言うくだりがある。シャーロック・ホームズは男の日焼けや服装で判断したのではなく、歩き方を見て男の職業を見破ったのである。彼の注意力や推理力の面目躍如というところだ。

　長年の船乗りの生活を経て、歩き方は自然に身に備わったものだろうが、果たして他の職種の人間と見極めができるほど、船乗りの歩き方には特徴があるだろうかと、長い間、私の疑問であった。足の運び方はいろいろなスポーツの基本であり、歩き方に習熟することによって、上達が早まったり事故を未然に防いだりすることができる。

　私が塾長を務める「実践ヨット塾」では開講の初日に、デッキ上の歩行方法について教えている。世界中のヨットスクールの中で、歩き方から教

えるのは我が「実践ヨット塾」だけだと自負している。自分の身を守るため、デッキ上で転倒したり落水しないような歩行方法である。

　ポイントは膝を少し曲げて重心を下げ、船の揺れを吸収する。踏み出した足はつま先を上げて、かかとから柔らかく着地する。重心は常に後ろ足に残す。前足は触手の働きをしている。これが長年ヨットをやっていたことによって、自然に体得した歩き方である。前かがみにならないので、歩行時の姿勢が良くなることも利点としてあげることができる。過去30年以上、私は道路でも雪道でも一度も転んだことがない。ましてやヨット上でも転倒、落水の経験はない。

　数年前にウオーキングトレーナーのデューク更家さんが歩き方の指導をして、大流行したことがある。クルマ社会や便利さの社会では歩く機会が少なくなるので、質の高い歩き方を身につけるように心がけてはいかがだろうか。

死ぬまで成長　2008年11月20日

　今週、開催した恒例の〈翔鴎(かもめとぶ)〉セーリングクラブの飲み会「ツキイチバー」での話。メンバーの一人が医師から痛風の一歩手前と宣告された話題がキッカケで病気自慢大会になってしまった。メンバーの平均年齢が50を超えているので、寄る年波には勝てないことになるのだろう、それぞれが体の不具合を持っている。ドクターストップもなんのその、「一病息災」と気休めを言いつつ、病気がサカナになってお酒が進むというのはヘンな集まりかもしれない。

　歳をとっても心身ともに元気で動くことができるというのは誰もの願い

だが、多くはあきらめの境地に入ってしまうのではなかろうか。

　先日、NHKのテレビ番組でスロートレーニングを紹介していた。体にほど良い負荷をかけ続けることによって、緊張が生まれ成長ホルモンが発生するそうである。成長ホルモンが発生するのは若い人だけだと思っていたのが大間違い。70歳を過ぎて、杖の助けを借りて歩いていた女性がいまや軽快なステップでダンスを踊っていたり、徒歩で北海道一周を成し遂げた高齢の男性が登場していた。

　人間の体はある時期を境にして成長が止まって、あとは下り坂と思われている。成長は大きな希望であり、光明だ。死ぬまで成長の可能性があるのだ。私は精神についても同じことが言えると思っている。精神にもほど良い負荷をかけ続けることによって心の若さを保ち、成長し続けることができるのではないかと思う。何の心配もない人は、傍から見れば幸せそうに見えるかもしれないが、成長が止まっているかもしれない。

　私がヨットをやっていてイイと思うのは、心と体にほど良い負荷をかけ続けてくれることである。常に新しい操船技術を考案したり、新しい目標に挑戦し続ける姿勢を保ちたい。

自助努力　2009年1月23日

　関東水域のクルージング派にとっては、ヨット技術の上達にしたがって、伊豆諸島の寄港地を段階的に南下するのが一般的だと思う。私も伊豆大島に始まり、新島、式根島、神津島、三宅島そして八丈島へと航程を伸ばしていったことを思い出す。

　ある年のゴールデンウイークを利用して、A島への往復クルージングに

出かけた時の話。横浜を出港して、連休２日目の夕刻にＡ島へ到着した。毎度のことながら、ＧＷは必ずと言っていいほど途中で天候が崩れる。
　翌日から天候が悪化しそうだったので、その前に入港できてほっとしたものだ。ところが入港と同時に漁師がやってきて、入港は駄目、アンカー使用も禁止だという。他の港まで相当な距離があるので、シフトはあきらめて内防波堤の外側へ横付け係留した。
　その日の夜半から海はシケ始めて大波が港内へ打ち込み、岸壁に係留しているヨットが危なくなった。乗員全員で夜通し艇の防護に努めたが、翌朝、さらに天候は悪化し艇と身体の危険が増大した。私は一大決心して、激しい風と雨の中、解らんして港内へ強行突入をはかった。船長には人命と艇を守る義務と権利があるのだから、漁師が何を言おうと艇の安全のためできることは全てやるつもりでいた。
　唯一、係船余地のあった風下側の岸壁へ艇を寄せようとしていたら、風上に停泊していた貨物船が私たちの難儀を見てヒービングラインを投げてくれた。残念ながら艇に届かず、途中の水面にドボン。それを見たクルーの一人は着衣のまま海面に飛び込んだ。クルーとロープを拾うため大童（おおわらわ）になっている最中に、漁協から漁師が１０人以上出てきて私たちを手伝ってくれた。しかも空いている係船ブイを使用して構わないという。大苦戦の末、無事に係留を完了した。一段落の後、清酒２升を持って漁協へお礼に行ったところ、漁師のリーダー格が言った。「あんたたちだったらいつでも来て、フネをつないでいいからね」。前日の対応とはガラリと変わっていた。
　私たちは試されていたのだと思う。入港、係留を簡単に認めると、レジャーボートの中には要求がエスカレートするのがいて、収拾がつかなくなる場合もあるのだろう。お互いに海の男だから、海のつらさは理解でき

る。困っていれば助けてやりたくなるのが人情だ。他人にお願いするばかりでなく、自ら窮地を切り開く努力をしなければ、他人は助けてくれないということが分かった一幕であった。

絶対絶命 2009年2月20日

　今年の1月15日、米国のハドソン川へ旅客機が不時着水して、乗員、乗客全員が救助されたニュースほど最近、私を狂喜させたものはない。航空機事故の暗いイメージを引きずっているアメリカ国民にとっても、起死回生のホームランのような爽快感を感じたに違いない。

　離陸直後にバードストライクを受けて全てのエンジンがストップしてしまうというのは、大変なことだと思う。私は同じ乗り物の責任者としての立場をサレンバーガー機長に置き換えて考えてみた。ヨットの場合はエンジンは補助推進器なので、風さえあればエンジンがストップしても大きな問題はないし、ましてや沈むことはない。しかし旅客機の場合、機体が金属の塊のようなものだから、推進力がなくなれば金づちのように地上に落下することは想像に難くない。

　ヨットのみならず、人生の場面においても緊急時に決断を迫られる時は、100点満点の決断でなくても、60点でも合格点とされる。タイミングであり、時間が勝負を分けることになる。サレンバーガー機長は一瞬の判断と100点満点の決断によって、すばらしい仕事を成し遂げたのである。人間のやることには限界があるが、まさに神のワザと言ってよいだろう。

　たまたま機会があって、私の友人のジャンボ機長に質問したところ、さらに驚くべきことが判明した。全エンジンが停止すると、操縦系統を動か

す油圧がなくなるので、昇降舵は使用不能になり、滑空で着陸するための適正角度の３度を維持することは不可能であるとのこと。たまたまこの事故機は滑空性能に優れ、非常発電装置があったのだろうという推理であった。一般のシミュレーション訓練では、エンジンのいくつかが停止した時の対応について練習することはあっても、全エンジンが停止する状況は想定していないという。

　サレンバーガー機長は事故後の談話で、通常の訓練どおりやったと言っていたが、まさか全エンジンが停止した時の訓練はやっていないだろうと思う。

　多くの経験と訓練を積んだ機長であっても、絶望的な状況の中で訓練の成果を発揮できるとは限らない。それには強固な精神が必要だ。幾多の苦難を経て、現在の姿があるのだと思う。彼の謙虚さと柔らかな物腰とがあいまって、アメリカ国民の熱烈な親愛の情が高まっている。

夏でも冬支度　2009年7月25日

　今月の16日から17日にかけて、北海道の大雪山系のトムラウシ山周辺で、男女10名が亡くなるという大変に痛ましい事故が起きた。自然相手のスポーツや遊びには、大きな危険が隣り合わせであることを実感させられる。山と海の違いはあっても、自然を相手にしていることについて共通点は多いと思うので、今回の遭難事故を検証しながら、ヨットでも起こりえることを考え教訓を見出したい。

　事故原因の最大のものは当日の天候に尽きる。14日に関東地方の梅雨明け宣言が出されたとはいえ、梅雨前線が東北から北海道に延びて北

日本は低気圧の通り道になっていた。好天に恵まれていれば梅雨がない北海道の爽快な夏山を満喫できたに違いない。

今回のツアーでは、最大のパーティーでは男性ガイド3名、男性客5名、女性客10名の合計18名が3泊4日の登山をする予定であった。14日に登山を開始、3日目の16日は朝5時半に出発、現地では気温10℃、風速20～25m/s、しかもザンザン降りの雨。4時間ほど歩いたところでトラブルが発生。低体温症のために動けなくなった人が続出した。当日午後3時過ぎに遭難の第一報が伝えられたのである。このパーティーからは死亡者が8名出ている。特に注目すべきは女性の死亡者が多い点である。女性では10名中6名、男性は8名中2名が亡くなっている。死亡原因の全てが低体温症によるものである。

低体温症はヨットでも起こりえる。ちょうど事故の翌日、私たちの仲間が青森から函館までの「青函ヨットレース」に参加していた。風には強弱があったようだが、ザンザン降りの雨が続いたという。16時間半に及ぶレース中、最も辛かったのが寒さだったようだ。低体温症の初期の段階にあったのかもしれない。

低体温症について調べてみると、識者は以下のように言っている。

低体温症

　低体温症（ハイポサーミア）とは、恒温動物であるヒト等の深層体温（臓器のある部位の体温）が低下した時に発生するさまざまな症状のことである。軽度の低体温症の場合、自律神経の働きによって自然に回復することができるが、重度の場合は、死に至る危険性がある。

　処置として、軽度の低体温症には乾いた衣類を着用させ、穏やかな加温を行う。重度の場合は、加温とマッサージは厳禁。専門の医師に救急

処置を行ってもらう。海や山等、寒い場所に長時間身を置く場合には、暖かい衣類の着用等で万全な対策が必要である。

　私がかつて、インドネシア周辺の赤道海域を航海していた時、頻繁にスコールに見舞われた。インドネシア周辺のスコールは強烈であり、スコールの初めに猛烈な突風と豪雨がやって来る。最初にスコールの洗礼を受けた時、大慌てでセールを引き摺り下ろして固定している間の数分間に唇は紫色になり、ふるえが止まらなくなってしまった。キャビンに逃げ込んで、衣類を着替えて暖をとっても回復までに数十分間もかかることがあった。ヨットの上ではしぶきを浴びて濡れるのと、吹き降りで濡れるのとでは状況は全く異なる。雨で濡れると、肌までしみ込んで来て体力を急速に奪う結果となる。

　ヨットマンのための雨具（オイルスキン）は数多くのメーカーから発売されているが、私はこれまで完璧、もしくは完璧に近いものにお目にかかったことがない。私は状況に応じて、雨具の組み合わせで対応している。原則は、肌に近い雨具は濡らさないことである。大雨の際は雨具の重ね着をするのである。

　世界一周航海中、大雨の夜間の当直では、私は通常の雨具を着た上に、セールバッグを2枚使用して、1枚は下半身をスッポリ入れて腰で結び、もう1枚を頭から腰までかぶっていた。当直は座っていれば良く、動きが少ないので体全体を覆うポンチョのようなものを外側にかぶると良いと思ったものだ。動きの多い作業をするためにはゴム引きの合羽が最も信頼できるが、重いのが欠点である。

　現在では新素材の優れたものが多くあるので、その中でラッシュガードを多用している。素肌にラッシュガードを着用して、ウールのセーターを着て、その上にゴム引きの合羽を着るのである。しかも、ブーツを忘れて

はならない。足からも急速に体温が奪われるからである。

　今回の事故の後、ツアーを企画した会社の社長は、事故の原因としてツアー客の装備が簡便すぎたといっている。しかし、である。それでは冬山登山の装備をすればよかったかといえばそうではない。一日に20km近く歩かなくてはならない行程では、とても冬山登山の装備を運ぶことはできないだろう。3泊4日の縦走強行軍ツアーでは、60歳を超えた女性が運ぶことができる荷物の重量はせいぜい15kg程度だと思う。15kgの中に、4日分の着替え、雨具、日用品、寝具、調理具、燃料、食料、水が入る。とても重装備を運ぶための余裕はない。運べる荷物の量が生死を分けたとすると、あまりに悲しい。

　海、山を問わず、多くの事故には共通点があるものだ。すなわち、複数のミスが重なって、事故に発展するのが通常のパターンである。今回の事故ではどのようなミスがあったのだろうか。山の門外漢の言うことと聞き流していただいて構わない。

①7月16日朝の出発時に天候は回復傾向と判断し、出発を決断したミス
②出発後しばらくして、低体温症の初期症状が出ていたことを見逃したミス
③出発後4時間経過した時、低体温症で動けない人が発生した段階で、行動予定を白紙にして人命確保を優先しなかったミス
④パーティーがちりぢりになったミス

　①②の段階で思い切った手を打っていれば、事故は防げたかもしれない。第3段階ではすでに手遅れ。

　亡くなった方々のご冥福を祈りたい。合掌。

竜巻 2009年10月21日

　台風18号が東海地方に上陸した10月8日未明に、千葉と茨城に3つの竜巻が発生したものと推測されている。夜明け前だったので、誰もその時の情景を見ていない。果たして竜巻だったかどうかも分かっていないが、被害の様相から推定して竜巻であったろう。

　実際に竜巻を目にすることはめったにあるものではなく、もしもでくわした時には竜巻を観測するどころか、身の危険を感じて逃げ回らなくてはならないだろう。

　私にはセーリング中に竜巻にでくわした経験がある。しかも、ヨットの周囲に一度に5、6個以上の竜巻が発生して、最も近いものでは100mを切っていた。小笠原諸島が返還されて間もなく、友人2人とともにヨットで父島へ航海した時の話。7月中旬に横浜を出航して、8日目の早朝には父島の北端が見える位置にたどり着いた。航海中は好天に恵まれたが、風はほとんど吹かなかった。上空には夏空が広がり、積雲や積乱雲が浮かんでいた。父島の二見港まで15マイルほどのところに来た時、上空で奇妙なコトが起こり始めた。

　雲の底部が下方に膨らんで円錐状になり、先端から細い紐のようなものが下に向かって、クネクネしながら降りてきたのである。海面に到着するには10分間ほどかかったが、やがて直下の海面が2、3mほど盛り上がり、上空から降りてきた紐とつながった箇所では猛烈な勢いで海水を吸い上げ始めた。周りの空気を震わせて、ゴーゴーと大音響が鳴り響いていた。

　この時点で私たちは初めて気づいたのであるが、これはひょっとして竜巻ではなかろうかと。すぐにセールダウン、エンジン全開。逃げようにも

周りを竜巻のようなものに取り囲まれているので、逃げ場がない。その間にも上空の雲では同じ経過を辿りながら、どんどん竜巻ができ始めた。ほとんどパニック状態であったが、竜巻をかわしながら、とにかく父島の島影へ逃げ込むことだけを考えた。しばらくして後を振り返ると竜巻は消えており、何事もなかったように、前と変らない穏やかな海が広がっているだけであった。何か白昼夢を見た気分にさせられた。

　最初にして最後の経験であったが、ヨットには全く被害はなかった。竜巻の渦の中へ巻き込まれていれば無事ではすまなかったことだろう。過去の竜巻観測のデータを見ると、渦中では87m/sの風が吹いたことがあるという。セールを揚げていれば、マストをへし折られるかセールがズタズタにされるか、艇は横倒しになることだろう。しかし、海水と一緒に上空へ吸い上げられることはなさそうだ。

　今回の台風18号に伴って発生した竜巻は全て平坦な場所で発生しているので、逃げるには海であれば陸地の陰、陸であれば起伏のある場所がいいように思う。

海のご馳走 2009年12月24日

　ヨットに関して私がポリシーとしているのは、乗船したらどんなに気象条件が悪くても出港すること。その際にはフネの整備状況、乗員の錬度や体調などを考慮して、適わぬと判断した段階で引き返すことにしている。条件が悪い時は出港しないのが最も安全な方策かもしれないが、それでは航海途中で大シケに出会うと気が動転して正常な判断ができなくなって、艇と乗員の命が危うくなるだろう。

シケの海を帆走っている時、同乗の方が言うには、私はいつも笑顔でいるらしい。私がよほど肝が据わっているように見られている。実はこの件に関しては、多分に演技が入っていることを言っておかなければならないだろう。シケの海で笑っていられるわけはないが、船長である私が恐怖に取り付かれた表情を見せれば、他の乗員はもっと大きな恐怖を感じるに違いないからである。

　私は自分自身を人並みに臆病だと思っている。ましてや過去に失敗や多くの危険な目に遭っているので、恐怖心は人並み以上であると自負している。

　昔、ケープタウンに入港中、日本のマグロ船の船員と酒盛りした時に、「山育ちの人間は良い船乗りになる」という話になった。海育ちは海を軽く見るのに対して、山育ちは潜在的に海に対する恐怖心を持っているから、周到な心構えで海に臨むということである。私にとっての海は憧れではあるが、常に怖い存在であったし、現在でも恐怖心を抱いている。

　私はシケを称して、「自然がくれる大ご馳走」だということがある。自然が私たちをご馳走でもてなしているのだから、ありがたくいただくのが礼に適っていると思う。自然が私たちにくれるものに対して選り好みはできないのだ。

　シケの海では私は、内面をかきたてて最大限にアクティブになることにしている。シケに集中して、恐怖心が入り込むスキをなくするのである。

　昔、五味川純平さん

「実践ヨット塾」では、乗員の錬度や体調を考慮した上で、荒天でもなるべく実習を続けた

の戦記物の短編を読んだ時、上等兵の主人公が新兵に対してアドバイスする場面があった。「戦闘が始まるまでは大いに恐れなければならない。しかし、一旦戦闘が始まったら恐怖心は捨てろ！ 人間、恐怖心を持つと体が動かなくなるし、正常な判断ができなくなる」。

意外な浸水 2010年1月8日

　昨年の終盤にヨットを上架して清掃作業をするために下田～横浜間を往復した時の話。回航の効率を上げるために、ほぼ全区間を機帆走に頼った。中継点の三崎港に寄港してビルジをチェックした時、大量のビルジが入り込んでいることが判明した。ビルジ侵入の因果関係を推理すれば、機走に伴ってスターンチューブからの浸水という原因が考えられる。〈翔鴎〉の場合は可変ピッチスクリューを使用しているので、プロペラシャフトが中空になっていて、中心を貫くプッシュロッドの隙間からも浸水することが考えられるのである。

　ビルジ排出の後、スターンチューブのパッキンを増し締めするとともに、プロペラシャフトの隙間に耐水グリースを注入して走り始めたが、浸水は収まらなかった。30分おきに手動のガッシャーポンプを20～30回つくほどだから、スターンチューブの漏水の限度を超えている。私は意を決してビルジだまりを順番にたどってみることにした。

　何と、海水がスターンチューブの後方から流れ込んでいるではないか！ ラダーシャフト点検ハッチを開けたとたん、疑問が氷解した。ラダーシャフトから猛烈な勢いで海水が噴出していたのである。一般的なヨットは機走すると、トリム・バイ・ザ・スターン（とも足）になるので、ラダーシャフト

の上部が水面下に入ってしまうのである。そこでシャフトを支えているスリーブにはグリースの注入口があって、グリースパッキンによって浸水を防いでいるのである。〈翔鷗〉は進水以来、20年以上の間、一度もグリースを補充したことがなかったので、あわててグリース補給して一件落着となった。〈翔鷗〉の場合はラダーシャフトスリーブにグリースカップが装着されていて、スプリングの作用で自動補充されるはずであったが、すでに脱落していた。

　年末から年始にかけて、いろいろな会合で仲間に浸水事故の顚末を話したところ、心当たりがあるようで、急にそわそわし出した方が数名いらっしゃった。話を聞くと、機走中に大量の浸水があって往生したらしい。しかも原因不明であり、いまだに手つかずで放ってあるそうだ。

　ヨッティングは風、波との戦いという面があるが、浸水との戦いという面も忘れてはならない。〈翔鷗〉では、この20年間に何度も浸水事故があったが、その都度、原因が異なっていた。原因や浸水箇所を推理するにあたっては、その時の状況を反芻してみることにしている。原因を究明した時の満足感は大きなものがあるのだが、時々考えられない原因に出くわすこともある。

　〈翔鷗〉の進水間もなく、熱海港へ寄港した時の話。おもてアンカーでスターン付けで係留した後、しばらくしたら船内にせせらぎの音がし始めた。スターン方向から大量の海水が流れ込んできたのである。船尾ビルジ溜りにある水中ポンプを回すと海水流入が止まるが、スイッチを切るや流入が始まるのである。

　原因はこれもトリムの変化であった。バウアンカーのチェーンを60mも出したので、約200kgの重量が軽減されて、バウが上がりスターンが沈んだことによって、ビルジの吐出口が水面下に潜りサイフォン現象が発生

したのである。ポンプの吸入口は海水面より低い位置にあるので、ポンプが止まるとサイフォン現象によって、海水が逆流してくるのである。排水ホースのループ上端にエア抜きのピンホールを空けて一件落着となったが、排水ホースのループをいかに海面より高く持ち上げても、サイフォン現象が発生すると役に立たないことが分かった。

危険への認識　2010年7月15日

　梅雨明けが間近となった。本日、夕方から東京には青空が広がって、すでに梅雨が明けたと思わせるほどである。

　毎年、この時期には最後の悪あがきのように、大雨や洪水のニュースが飛び込んでくるのが通例である。今年も現在、西日本では大雨が降り続き出水しているそうだ。大雨、洪水は仕方がないとしても、お年寄りが何人も亡くなるのは願い下げにして欲しいものだ。お年寄りが亡くなったニュースを詳しく聞くと、その多くは田んぼの様子を見に出かけたとか、屋根の修理のために屋根に登ったということだ。なぜ、そんな時に田んぼへ行くの！なぜ、屋根に登るの！と叱りたくなるのだが、叱ったところで改められることはないだろう。

　私どものヨットスクールには毎回、60歳前後の方が多くお入りになっている。ほとんどの方は年齢が高いことを気にされていないので、私もあえて触れないようにしている。ヨットは瞬発力よりも持続力に頼るところが大であり、歳をとればそれなりに判断力も成熟するので、年齢によるハンディはそれほどあるとは思えない。

　私はいろいろ考える。私にも当てはまることだが、お年寄りは危険に対

する認識が甘いのではないかと思うことがある。若い人は未知なるものへの恐怖というものを持っているのだが、お年寄りはすべてのこと、自分の知らないことも含めて過去の経験の中から推測しようとするのではないかと思うようになった。ましてや、いつも通いなれた田んぼへの道、いつも見慣れた我が家の屋根である。多少、天気が悪くても何ほどのことがあろうか。

　昨年11月にヨットの回航をした時、20m/sの風が吹いていたが、何ほどのことがあるとタカをくくって出航したのは良いが、途中でデッキ上を波が通り過ぎるようになった時、初めて危険な状況にあることを認識した。波は圧倒的な力をもって乗員にぶつかってきた。一気に数メートルも飛ばされたのである。

　ヨットの世界で、過去に名ヨットマン、ベテランヨットマンと呼ばれた人が何人も命を落としている。何事にも最初がある。過去に例を見ない波、経験したことがない風速というものが必ず起こるはずである。

　大雨や洪水で亡くなる方は、危険を甘く見ていたといえなくない場合があるかもしれない。過去に体験したのと同程度の嵐かもしれないが、気がつかないうちに体力は昔のままではなくなっている。また、歳をとっても現役であり続けようとする気概が駆り立てることもあるだろう。が、自然とまともに付き合うためには気力や気概だけではどうにもならないこともあると銘記しなければならないだろう。

怖い話　2010年11月10日

　海でのデキゴトの中で、私にとっては最も怖いのは視界不良である。特に海霧は陸上ではありえないような濃霧となる。視程ゼロの時、自分の指

先が見えなかったり、足元のデッキさえも見えないので、体が宙に浮いているような妙な感覚を体験することがある。無論、海面も見えないので、ヨット自体が空中に浮かんでいるようにすら感じるほどだ。

海霧は水温と気温の差によって発生するので、海面上0～数十メートルに停滞する。周囲の景色が見えなくても、上空の青空や夜には星が見えることがある。

私は数多くの海霧を経験したが、GPSがない時代にレーダーもなくて、まさに危機一髪の思いをしたことがあって、怖い思い出として残っている。そのうちの一つを紹介してみよう。

私たちは1974年の4月下旬に〈そらとぶあひる〉で喜望峰を越えようとしていた。インド洋側のアガラス岬を越えて、喜望峰にいたる海域はたまたま凪いでいて、暖かくてまるでデイセーリングを楽しんでいる気分だった。ところが、夕方に喜望峰を通過した直後に視程ゼロとなってしまった。喜望峰の付近は大シケが頻繁に発生することで有名であるが、霧の難所でもある。インド洋側には暖流のアガラス海流が南下しており、大西洋側は南極海からのベンゲラ海流が北上している。

喜望峰の緯度は南緯34度20分程度でしかないが、周囲は極地気候になっている。私たちの周りの気温は一気に下がって、凍えるほどになった。喜望峰の大西洋側には多くの暗礁帯があるので、コースを思い切り沖へ出したいところだが、半年前から始まった第4次中東戦争のためにスエズ運河を通れない貨物船の銀座通りになっていて、衝突を避けるために岸寄りギリギリのコースを選ばざるを得なかった。沖からは頻繁に霧中信号の汽笛が聞こえていた。時々、海岸道路の街路灯の灯りが見えるほど陸地に接近していた。

推測航法を頼りに走って、ケープタウンの沖に到着したと思われる頃

に針路を右90度に変針して、入港針路に乗ったつもりであったが、いきなり前方10m強に砕け波が見えて、大慌てで沖出し。ケープタウンの港口の霧中信号をキャッチして、かろうじてケープタウンにたどり着いた。他船との衝突の恐怖、座礁のリスクにおびえながらの航海であった。

　現在ではほとんどのボート、ヨットにGPSを搭載しているし、少数であるがレーダーを装備しているものもある。衝突や座礁のリスクは大幅に減少したといってよいだろう。

　今年6月に鳥島、父島へ航海した時、ほぼ全航海期間を通して濃霧であった。あいにく自船のレーダーに不具合があり、GPSが唯一の頼みの綱であった。過去に幾度となく小笠原へ航海しているが、片道の航程で出会う船舶の数はほんの1、2隻なので、衝突のリスクは限りなくゼロに近いとする達観と、相手船のレーダーによって自船を見つけてもらおうとする他力本願によって安心を得ていた。

　視界制限状態の航法を無視して、減速や霧中信号を行うことなく、結果として無事に航海を終えることができた。その時に気づいた点が2点ある。

　1点目、周囲に他の船舶が存在する海域ではこうした走り方は極めて危険であること。護衛艦〈あたご〉の事故例にあるように、他力本願のやり方では事故に巻き込まれる危険がある。商船のレーダーに小型船が映らない場合、レーダーリフレクターがあっても役にたたないという調査結果もある。霧が発生したら、海上衝突予防法に定める視界制限状態の航法によるべきだと思うのだが、双方の船が法に従っていなければほとんど意味がない。

　レーダーを使用している商船は霧中であっても、巡航速力に近い速力で航行すると思う。レーダーを搭載しているボート・ヨットであれば、レーダープロッティングを行って、自力で相手船を避ける針路を選ぶべき

だと思う。

　レーダープロッティングとは、レーダーを使って相手船の方位と距離を測定すること。自船も動いているために、レーダー画面に映るのは相手船の相対位置となる。レーダープロッティングを行うことによって、相手船の進路・速力・最接近距離や衝突の危険性の有無を判定することができる。

　レーダーのないボート・ヨットでは相手船に見つけてもらうために、ストロボライトを掲げた方が良いと思うがいかがだろう。

　2点目、今年6月に経験した霧は、私がこれまでに経験した霧の中では最も密度の濃いものであった。オイルスキンを着ていても、下着までがびっしょり濡れるほどであった。密度の薄い水の中を走っている感がしたほどである。下田に帰港してから、ヨットに不具合が見つかった。エンジンストップボタンを押してもエンジンが停止しないのである。リモコンレバーの台座に電流の接点があり、クラッチが入っている状態で接点が導通してしまったようだ。他には不具合箇所が発生しなかったが、多分、航海計器の放熱孔からも湿気や水分が浸入していたのだと思う。

　霧中航海では船内への霧の浸入は極力抑えるべきだと感じた。

メンテに思う 2011年5月25日

　先日、下田に帰港した翌日、私はヨットに留まって船の清掃やメンテの続きを行った。今回の航海では日程調整の待機時間があったので、大いに艇のメンテに励んだ。雨降りが多かったのでニス塗りはできなかったが、ヨットは出航前よりも具合が良くなったことは確実である。

　一通りの作業を終えて、最後に少量溜まっていたビルジを排出するた

めにポンプを作動させたが、なかなかビルジだまりが空にならなかった。前日までポンプが働いていたのだから、考えられるのは排出口の詰まり、もしくはポンプのインペラ磨耗である。排出口をバラしている最中にポンプから水滴が落ちてきた。排出口チェックの後、ポンプを入念に調べてみると、ポンプ蓋を固定している４本のボルトのうちの１本の頭がなくなっていた。隙間からエアを吸い込んで、水を吸い込まなくなったものと判断した。さらに、ポンプ分解の途中で残る３本のボルトも簡単に頭が折れてしまった。原因は電食である。４本のボルトを交換すれば、一件落着となるはずであった。ところがボルトのサイズが特殊であるために、金物屋で探すよりは純正パーツを注文するのが早道と考えて通販の船具ショップに問い合わせたが、部品は入手不能との返事が返ってきた。ボルト４本のためにポンプ本体を全取っ替えするのはバカげている。

〈翔鷗〉では国産Ｈ社の同じタイプのポンプを７個設置していて、ビルジポンプ、シャワー排水、燃料移送用に使っている。消耗品のインペラが入手できないと大変なことになる。サイトで検索して、ようやくサービスキットなるものを見つけて発注することができた。しかし、私は極めて不満足であった。キットにはボルトのほかに、不要なものの方が多く含まれていた。数百円ですむところが数千円の出費となったのである。

　後々のためにさらに検索を続けたら、面白いことが分かってきた。同じタイプのポンプがＫ社からも別ブランド名で販売されていたのである。そして、ボルト１本からでもバラ売りしてくれそうだ。ブランド名は違っても、もともとは同じメーカーが作っているのだろう。

　今回のヨットのメンテを通して、日本のモノ造りの考え方の一端が分かったような気がする。ポンプのほかにも自動操舵装置、レーダーの修理にも挑戦したのだが、うまく行ったもの、うまく行かなかったものがある。コ

トの成否は部品の入手にかかっている。メーカーが勝手にモデルチェンジをして部品供給がストップしてしまうと、お手上げである。たった一個の電子基板がないために数十万円の機器が粗大ゴミになってしまうのだ。しかも電子基板の中味で、たった一個の抵抗もしくはコンデンサーに問題が起きているに過ぎないかもしれない。〈翔鷗〉に設置している機材のうちで、進水当時から継続使用していて現在でも部品が容易に入手できるものが多くある。例えばLAVACのトイレ。私は多くの人にこれを勧めてきた。外国製品が多いのはさびしい。

モデルチェンジするたびに必ず機能と価格が増えている。あれば便利な高機能製品よりはシンプルで安価な製品、しかもメンテが容易な製品を希望する客層がいるはずである。日本のメーカーが買い替え需要や売り上げ増大を狙って、ガラパゴス化といえる高機能製品開発のみに血道をあげていると、やがて日本製品離れが起こるのではないだろうか。

白い嵐 2011年6月22日

先週末に気象の専門家を招いて勉強会を開催した。20人近い受講者が集まって、さすがはヨットマン、気象への関心の高さを示していた。講師をお願いした馬場正彦先生は、人生を気象一筋にかけてきた方である。南氷洋の調査船で10年間にわたって気象予報活動に従事してこられた経歴は海洋気象の業界では抜きんでている。

びっしり2時間半にわたって、気象全般の話に始まり南氷洋の気象予測実務、間寛平さんの大洋横断航海の際の苦心談、熱帯地方の低気圧・ダウンバースト、気象庁の数値予測の内容について、密度の濃い講

義であった。受講者は海での経験を積んでいる方が多かったが、私も含めて初めて聞く話が織り込まれていた。我々は天気図を解析して、現在及び24時間後の風向、風速は予測できても、3日後、4日後となるとお手上げである。

　私が特に関心を持ったのは低緯度帯の局地的な積乱雲の風であった。時にはスコールとなることがあるが、いくつかのバリエーションがあり、そのうちの一つは猛烈なダウンバーストを起こすものであり、メカニズムについての説明があった。下降気流は普通は高気圧のものと理解されているが、一つの積乱雲の中で空気が循環して上昇気流と下降気流が発生することがあるようだ。下降気流は猛烈であり、時には秒速50m/s以上の風が雨や雹を伴って吹き降ろすのである。

　20年以上昔に見たアメリカ映画「白い嵐」に出てきた風だと思われる。吹き降ろす風なので、ヨットは風圧を受けてヒールしても風が逃げない。ますますヒール角度が大きくなって転覆するのが、「白い嵐」のクライマックスのシーンであった。私も過去にインドネシア近海でこの手の嵐に遭ったことがある。セールを引きずり降ろしているわずかの時間に、体が冷え切って歯の根が合わないくらいになるのだ。ヨットマンは南洋志向が高いので、遭遇する確率は高い。気候変動の影響で、発生地域が北上することもありえる。

　数日前に、日本で開発したスーパーコンピューターの計算速度が世界一になったニュースにお目にかかったが、気象予測にはスーパーコンピューターが使用されている。現在、気象庁で使用されているものは秒速21兆5000億回の計算速度であるが、これだとせいぜい7日後の予測までしかできないらしい。新しいスパコンは8162兆回、さらに1万兆回→1京回が可能だとされている。

地球の表面を20km四方の格子に分割して、空気の厚みが2万メートルの四角柱を想定している。さらに60層に分割して、各立方体ごとにスパコンがシミュレーションすることになる。しかも複雑系といわれる論理を使用して各変数がお互いに関連しあって変化するので、気の遠くなるような計算が必要になるということだ。

20年前に比べると、天気予測、台風の進路予測や波の予測にしても格段に精度が上がっている。ヨッティングは気象と密接な関係にあるので、今後も気象研究の動向に関心を持ち続けていたい。

錨について考える 2011年10月29日

木枯らし1号が吹いて、ようやく台風シーズンは終わったようだ。今年の台風によって起きた船の被害のいくつかについて考えた時、錨がキメテになったと思われることがある。そこで再度、錨について考えてみた。

大きな台風が通過した後のニュースを見ると、毎回、大きな貨物船が海岸に打ち上げられている映像を見ることがある。停泊中に走錨した結果である。大荒れの海面において船を停泊させるためには錨だけが頼りとなるが、その錨の信頼を損なうよう大事故が過去に何度も起きている。

記憶に残っているのでは1954年9月の〈洞爺丸〉事故や、2004年10月に起きた〈海王丸〉の座礁事故などが挙げられる。

錨を打てば船を停めるための100％の効果があるものではない。風や波の力が過大になると走錨するので、一般の商船では船の推進力を加えて、錨にかかるテンションを緩和する方策を採っている。商船の船首両舷には大きな鉄の塊のような錨が設置されているが、果たして巨大な船が

受ける風や波の力に対抗できるかどうか疑わしく思っている。

　一般に公表されている文献の中に、「錨で船は停められない」という文章を見つけた。何と！著者は大手の錨メーカーの代表者である。一見、自己否定につながるような内容であるが、逆に良心的といえる。著者の記述を解説すれば、錨そのものには限界があるので、足りない部分は乗り手の技術でカバーしなければならないということになるだろう。

　かなり前、私は台風接近時に横浜の根岸湾で、停泊中の貨物船を観察に出かけたことがある。沖に停泊中の商船は錨鎖を長く伸ばして錨を効かせ、バウの直下に振れ止めの錨を下ろしていた。時々、突風が来ると、バウが風下へ振れて走錨を始めるので、その都度、錨を揚げては、再度打ちなおしていた。ほぼ30分毎にこの動作を繰り返していたように思う。

　錨の優劣は把駐力によって決まる。

把駐力＝錨の重量×把駐力係数（1 〜 20）

　単純で分かりやすい数式だが、果たして、これが真理だろうか？　把駐力係数はアンカーのタイプ毎に表記されている文献があるが、海底の底質やスコープの取り方、モニターの有無などによって変わるので、変数はもっと多くあるのではなかろうか。

　例えば、錨重量が1トンで把駐力係数が5とすれば、把駐力は5トンとなる。大型商船用錨の把駐力係数は一般的には一桁である。錨には長い歴史があるにもかかわらず、ほとんど進歩していないとも言えるのではないだろうか。私の知り合いに海上保安庁の巡視船乗り組みのフロッグマンがいるのだが、投錨時に時々、潜水して錨の状態を見に行くと、錨本体は土の中に潜らずに露出していると言っていた。錨と錨鎖の重量と海底との摩擦でもっていると言っていいだろう。

| 第3章 |「実践ヨット塾」

　さて、前置きは長くなったが、ヨットと錨について述べてみたい。
　現在、小型船舶免許の国家試験では、錨に関して学科試験に時々出題される程度である。実地の操作はない。習うより慣れろというのが考え方かもしれないが、慣れるための時間中に失敗すれば船を失うこともあるかもしれない。最初から錨についての知識や技術を高めておく必要を感じているので、ヨットの講習では錨に特化した一講を設けることを考えている。
　私と錨とのかかわりを考えると長く、かつ濃密なものがある。〈翔鴎〉の船長を始めてからの10年間、毎週のように下田を出航して、三浦半島の諸磯湾に停泊して、土日の2日間にわたって何度も出航と錨泊を繰り返した。しかも、停泊場所の周囲は生け簀や養殖施設が散在していたので、2本アンカーで停泊する方法を採ったものだ。周りからは不安視する声が多かったが、幸いにも、いつも百発百中でトラブルはなかった。
　〈翔鴎〉にはバウに常設のフルチェーン60mのCQRアンカー18kgのほか、ダンフォースアンカー20kgと15kgを予備に積んでいる。CQRとダンフォースは小型船舶において最も一般的に使用されるタイプである。私は両者を多くの錨泊場面で無難に使い分けてきた。ところが、ある時、新島港で投錨したところCQRが全く効かないことが判明した。後から気づいたことだが、新島港の底質は砂であり、CQRは効かない。過去の経験から、私は錨泊に関しては大変な自信を持っていたものだが、錨が効くのはアンカーのタイプと底質がたまたまマッチした結果に過ぎないことに思い至った一幕であった。

　①CQRアンカー：砂地ではほとんど効かない。揚錨が容易。風向や潮流の流向が変わると、転がって抜けることが多い。
　②ダンフォースアンカー：オールラウンドに使用可能だが、時には効き

すぎて揚錨が難しい場合がある。ダンフォースアンカーには純正品とダンフォースタイプと呼ばれる2種類がある。ダンフォースタイプはコピー品。両者の間には価格と効果に大きな開きがある。フリュークとシャンクのなす角度は30〜35度でなければならないにもかかわらず、ダンフォースタイプには直角に近いものがある。純正品は32度。

　たかがアンカーと思っている方も少なくないはずである。しかし、アンカーの良し悪しや投錨の方法によって、船を失う危険があることを考えれば、決しておろそかにはできない問題である。その他にも、スコープの問題、指向性、風向や潮流の流向が変化しても走錨しない方法、台風時の投錨法などについても考えていきたい。

風の情報　2011年10月29日

　今朝は神子元島では北東20m/s以上の風が吹いていた。
　私の朝の日課として、ネットで実況天気図を調べてから風向・風速を予想した後、下田周辺の風をチェックしている。下田海上保安部が出している気象情報を見ると、神子元島で20m/sが吹いているにもかかわらず、数km離れた石廊崎では11m/sしか吹いていない。明らかにおかしいのだが、風を感知するセンサーは灯台の近くに設置されているので、地物の影響を受けて、必ずしも正確に風の状態を反映しているとは言い難い。石廊崎灯台の北側には山があるので、風が遮られて実際よりも低い値が出てくるものと思われる。それに比べて神子元島は絶海の孤島状態なの

で、より正確な数字が表示され、私はいつも下田でのセーリングの際、風の判断に利用している。

　今年5月に八丈島〜鳥島を2往復した際、最初の航海の復路に八丈島付近で大暴風雨に遭遇した。風速は軽く20m/sを超えて、セールを揚げていることすら難しくなったことがあった。その時、八丈島灯台の風速を船舶気象情報で見る限り10m/sを超えていなかった。

　八丈島へ寄港した後、空き時間を利用して陸路から八丈島灯台を訪ねてみることにした。八丈島灯台は島の東南端の断崖の中腹に設置されている。東の方角以外は全て地物に囲まれているので正確な風情報を感知できないし、東よりの風であっても背後の山に阻まれて、同様に感知しにくいだろう。

　冬の時期も含めて、私は頻繁に八丈島の風をチェックしているのだが、風速10m/sを超えることはめったに起きない。実際には八丈島周辺の海はいつも荒れている。漁港は万里の長城のような高い防波堤で囲まれているし、今年2月には神湊港の入港灯台が波によって破壊されたほどだ。

　私たちが最も知りたいのは周辺海域に吹く風であって、灯台に吹く風ではない。しかし現実には、海面に吹く風の情報を収集しようとすれば技術的に困難だろう。

　陸地を旅行する際にはチャンスを見つけては、灯台を訪ねることにしている。灯台の立地条件だけでなく、できれば風向・風速計の設置場所も確認したいところだが、ほとんどの灯台は無人化されているので敷地内に立ち入ることはできない。

　ネット上に表示される風の情報を自分なりに加工して利用するのが正しいだろう。

台風下のセーリング 2011年9月27日

　先週、台風15号が首都圏を直撃した。台風が接近した21日は朝から渋谷の事務所で、テレビやインターネットの台風情報を収集して、台風の動きを見守っていた。私のヨットのある下田港のことが最大の関心事だったが、他にも友人の一人が直前の土曜日から西伊豆へのクルージングに出かけていて、必要に応じていつでも台風や港の情報提供することも考えていた。

　15号台風は昭和34年に襲来した伊勢湾台風に似た大きさと進路をとったために、名古屋市の人口の半数にあたる100万人以上に避難指示や勧告が出されることになった。幸いにも名古屋への直撃は免れたものの東寄りに進み浜松付近で上陸した後、勢力を弱めることなく首都圏直撃の進路をとった。私は仕事そっちのけで、テレビ画面に張り付くことになってしまった。

　台風の多くは夜間に通過することが多いので、最盛期の海の様子を見る機会が少ない。今回は明るい時間の接近だったので、暴風圏に入った港や海岸の様子をテレビ画面で見ることができた。

　海も空も暗い灰色に塗り込められた中、高波が防波堤を越えてくる様、奔馬の群れが疾走するように大波が海岸線に打ち寄せる様を捉えていた。このような画面を見るたびに、現実の自分が陸上にいる仕合せを感じずにはいられなくなる。台風で大荒れの海へ、望んで出かけてゆくヨットマンはいるはずはないが、望まなくても巻き込まれる場合がある。

　私はこれまでに3度、台風の中心付近をセーリングしたことがある。いずれもクルージングの途中に台風に遭遇したものであり、避難するための港も時間もなくて、洋上でやり過ごすしか道はなかった。3度の台風経験

を通して、現在では若干の知識や余裕もできたが、最初の時の緊張感や恐怖は今でも鮮明に憶えている。

　ヨットを始めて間もない頃、夏に友人3人とともに31ftのヨットで三宅島へのクルージングに出かけた。帰路に式根島に寄港したところ、当日の午後3時頃に港内に停泊中のヨットに台風情報が入り、翌日正午に八丈島へ上陸するとの予報があった。私たちも含めて、停泊中のヨット約10艇は即座に出航して、蜘蛛の子を散らしたように北に向かって逃げだした。台風接近までは時間の余裕があり、伊豆半島もしくは房総半島の港に逃げ込めると思っていたのだが、式根島を出航して1時間ほどで台風の圏内に入ったことに気づいた。北東方向から波高5mの波が連続して押し寄せてきたのである。

　その時まで、私には大シケのセーリングの経験もなく、ましてや夜を徹しての荒天運用の実績もなかった。日が暮れても新島付近をクローズホールドで懸命に走っていた。長期戦になることをを覚悟して、小便垂れ流し勝手を宣言し乗員4人のうちの2人を無理やり寝かせた。

　波の上り斜面でバウを立て、頂上でベアしてスピードをつけて一気に次の波に突っ込む。この時、荒天時の帆走方法を自然に身につけた。ラフィングの際、セールが猛烈にシバーして、リーサイドのシュラウドターンバックルが抜けて、3度にわたってステーをつかまえてターンバックルをねじ込んだ。

　さらに、深夜に大型商船が寄ってきて、風下30mの距離をあけて伴走を始めた。サーチライトでヨットのデッキを煌々と照らして、今にも救命ボートを下ろしそうな雰囲気だった。私たちのヨットを遭難船と思ったらしい。早く離れて欲しいのだが、意思を伝達する術がない。空のウイスキーグラスを持って来てもらってお酒を飲んでいる芝居をした後、ようや

く退散してもらった。

　明け始めて、大島・風早埼の灯台の灯りが見えなくなる頃、体力の限界まで頑張ってウオッチ交代した。朝7時に急に静かになって、爆睡から目覚めると、ヨットは館山湾の船形港に入っていた。そして、入港の2時間後に台風はわずか数km先にある洲埼を通過していった。

　当時は気象庁が出す台風情報は進路、スピードとも当たりはずれが大きかった上に、私たち自身の気象の知識がまるでなかったので、台風の進路そのままのコースを走る結果となってしまった。私が世界一周に出かける2年前のデキゴトだったが、台風の下を走った経験が大きな自信となって、スンナリ世界一周につながったと思っている。

私はシャペロン 2008年6月27日

　昨夜で、第30期「実践ヨット塾」の学科講習が終了した。延べ5日間、一人も欠席が出ることはなかった。皆さん熱心に授業を聞いて下さったので、私もできるだけ多くのことを伝えたつもりである。授業終了後に名残り惜しそうな顔がチラホラしていたので、もしやと思っていたら、早速お呼び出しがかかった。渋谷駅からUターンしてきた数人の受講者と近所のカフェで深夜の酒盛りとなった。

　話題の中心はいかにして、ヨットを上達するかということだった。ヨットを始めて短期間のうちに一流の腕を磨いた見本になる先輩がたくさんいらっしゃるので、参考例に事欠かないですむ。受講者の一人が言っていたことであるが、いかにして、ヨットの世界へ入るのか、入り口を探すことに長い時間がかかったようだ。周囲にヨットをやる人がいれば簡単だと思

うが、ヨットそのものが絶滅危惧種に近い状態にあるので、ヨットマンを探すのも難しい。

　欧米では社交界にデビューする良家の令嬢にはシャペロンという付き添いがつくことになっている。ガイド役として、また、デビュー後も見守り、しかるべき居場所が定まるまで面倒を見てくれるのである。私の役目はヨット界におけるシャペロンのようなものかもしれないと悟った。

「実践ヨット塾」を舞台に、数多くのヨットマン、ヨットウーマンを育ててきた能崎船長（右）

第4章

ショクトウ（食当）

料理は火加減、ヨットは舵加減 2010年7月22日

　航海から帰ると、すぐに翌日から会社へ出勤である。土日・祝日はヨットで航海して、平日は事務所勤務なので、私には何もしないでボーっとしている休日はない。ヨットを始めた20歳代からこのような生活を送っていたので、休みがなくても全く苦にならない。むしろ、ONとOFFがはっきりしていて、生活にメリハリがあって、すこぶるよろしい。

　日常性が戻った平日の日中は事務所にいて、夜の講習が入っていない日は早めに帰宅して、料理を作ることにしている。昼のうちから夕食に食べるものを決めておき、ネットでレシピを調べて材料のリストを作り、頭の中で手順をリハーサルをしているので、またたく間に完成することができる。上手にできた料理は当然、ヨットで作ることになるので、陸上がリハーサルでヨットが本番となる。今年5月の五ヶ所湾航海では、船酔いしてトイレ引きこもり状態になった男性が特製天津丼を食べて見事に復活した。食の効用でもある。

　ヨットで料理を作ることは、陸上で作るよりはるかに困難を伴う。揺れる中、調理したものを仮置きする場所が限られていたり、食材や調理器具も限られている。最も大きな問題は船酔いである。料理が出来上がるよりも先に本人が出来上がることもありえる。したがって、多少の船酔いがあっても、料理を完成させるためには陸上での練習が必要である。

　私はシーマンを育てるにあたっては、他から助けがなくても長期間生き抜くことができる能力を身に付けて欲しいと願っている。それゆえにヨットの中で料理ができることも必須能力と考えている。さらに、私の内ではヨットで料理を作る時のハードルを陸上よりは高くしている。ヨットは非日常性を楽しむものだから、単に料理ができるだけではなく、料理が終わった

第4章｜ショクトウ（食当）

　後も生活感を残さないようにしなくてはならない。食材、調理器具や食器を収納して、作業前の状態にして料理は終了する。
　ヨット技術は日数の単位で指導することができても、料理の技術はそうはいかない。数年間かかるかもしれない。料理ができるようになれば、ヨット技術全般の習得のゴールが近いともいえる。
　時々、テレビの料理番組を見ると参考になることがある。料理名人がおっしゃるには、料理をおいしくするコツは手早く作ることにあるそうだ。確かに、チマチマ作った料理はおいしくない。料理を手早く作るためには、やはり相当の歳月をかけて練習をする必要がある。
　本日、私は昼食の弁当代わりに、昨夜作った麺料理を持参して食した。NHKのテレビ番組の中で、岡山県瀬戸内市の郷土料理として紹介された"にゅうめん"である。おもてなし料理として有名らしい。私の感じでは、ぜんざいにうどんを入れたようなものであり、好みに差があるようだ。しかし、それと同時に作った自家製のめんつゆは大成功であった。八王子にお住まいの主婦が13年かけて考案した秘伝のつゆだという。是非、試していただきたい。
　ヨットで料理を作ることに才能は要らない。時々、ヨットの上で料理が苦手という人がいるが、できないのではなくて怠けているだけだと思っている。ヨットのベテランの中には料理上手が多いのはもっともなことである。
　昔から料理は火加減、塩加減といわれている。ヨットの操船は舵とアクセルを使うので、料理と同様に舵加減、アクセル加減が重要であり、料理のコツに通じるところがあると確信している。

サンマ寿司パーティー 2008年9月10日

　9月期の〈翔鴎(かもめとぶ)〉セーリングクラブの飲み会「ツキイチバー」は過去10年間、サンマ寿司がメーンディッシュになっている。
　最初にサンマ寿司が登場した時の話。9月の初めの朝に、いきなり獲れたてのサンマが100尾、会社へ送られてきたことがある。送り主は以前、事務職として働いていた気仙沼出身、網元のお嬢さん。100尾のサンマの処分を考えた時、伊豆下田名物のサンマ寿司を作ってお客さんに振舞うことを思いついたのがきっかけである。
　夏の終わりからサンマが獲れ始めて、9月の初めに都内の魚屋の店先に並ぶようになる頃合いを見計らって、サンマ寿司パーティーとなるのである。ひと夏が終わったというけじめになり、皆さんのお気に入りの味となって恒例化した。
　今回は30尾のサンマを仕入れた。パーティーの前日からサンマをさばき、酢に漬け込んで一晩置き、翌日、サンマ一尾丸ごと寿司飯をくるんでサンマの姿寿司が出来上がる。
　サンマ寿司パーティー毎回参加の常連さん、初めての参加の方でパーティーは大いに盛り上がり、恒例のワンポイントレッスン「ヨット操船技術開発」では議論百出して実りあるものになった。今回のテーマは桟橋側から海に向かって強風が吹いている時の着岸技術である。実効性の高い技術である。
　今後の一週間は、海の香りがするといえば体裁は良いが、魚臭さが漂う会社になるだろう。

第4章｜ショクトウ（食当）

サンマ寿司パーティー 2 2010年9月10日

　昨夜の「ツキイチバー」にサンマ寿司を登場させることができた。9月期のツキイチバーはサンマ寿司が慣例になっているので、直前まで伝統を壊さない方向で模索していた。タイミングよく、数日前から市場にはサンマが順調に入荷するようになったことが追い風になった。

　サンマ寿司を作るために、例年、わがヨットスクール「海洋計画」の社員総がかりで前日から仕込みに入る。今回、サンマさばき要員の大河原実君には家族旅行の予定が入っていたので、エース不在の野球のようになってしまったが、窮地で底力を発揮するのは海洋計画の、これも伝統である。

　サンマは新鮮さを優先するために当日の仕込みとしたが、時間が足りなくなるので、プロセスを大幅に改善することにした。最も時間がかかるのはサンマをさばくのと酢ジメの手間なので、さばきの時間を1匹あたり5分、酢ジメを30分間とした。

　昨日は午後1時から作業を開始して、ちょうど5時に21本のサンマ寿司が完成した。昨年まで、1匹のサンマをさばくのに10分間かかっていたものを3分間に短縮することができた。手抜きは一切なし、小さな小骨も除くので、3分間は劇的な進歩といっていいだろう。

　サンマ寿司を作るプロセスを紹介しておきたい。

①ヒレをそぎ落として、頭を落とし、腹に包丁を入れて開く。背骨、腹骨、中骨を除く。
②水洗いした後、水気をふき取り、塩を振り、20分間おく。
③塩と水気をふき取って、30〜40分間酢につける。
④巻き簾、サランラップの上に酢をふき取ったサンマをのせて寿司飯を

のせ、サランラップで包み込む。巻き簾で形を整えて完成。

　サンマの鮮度を見分ける方法として、黄色いくちばし、目玉の光が挙げられるが、実はそれだけではない。腹に包丁を入れた時に歴然と分かる。古いものは内蔵がドロッと流れ出てくる。今回のサンマは鮮度バツグンであり、内臓がシッカリ形をとどめていた。

　10名の参加者全員に喜んでいただき、パーティーが終わった時、18本のサンマ寿司が消えていた。さらに、今朝、出社して驚いたことがある。事務所の中には魚の臭いが全くなかったのである。例年、サンマ寿司パーティーが終わると、ほぼ1週間ほど魚の臭いが室内から消えなかった。終わりよければ全て良し。

ゴキブリ対策のお作法　2012年7月23日

　今朝、我が家の台所で1匹のゴキブリを見つけた。今夏の初ゴキブリである。体長が3cmほどのデカいヤツだった。殺虫剤で一発昇天！1匹いるということはバックに30匹いると、モノの本に書いてあるのを見たことがある。普段からゴキブリの餌になるものは表に出さないようにしているので、一年を通して我が家でゴキブリを見ることはめったにない。ゴキブリは人間を刺したり、血を吸ったりしないので実害は全くないのだが、見ると不快になるので見かけたら即、殺処分にしている。

　それにしても、ゴキブリの生存能力は凄い。地を走り、ガラス窓をよじ登り、水に潜るし、空を飛ぶ。たかが昆虫にこれほど多様な能力を与えてよいのだろうかと思えるほどハイスペックである。多分、一日当たりの捕食

| 第4章 | ショクトウ（食当）

量はパン屑一つ程度で済むだろうし、しかも雑食性だから飢えることもないだろう。最も優れているのは、臆病なほどの警戒心である。将来、人類が絶滅することがあってもゴキブリは生き残るだろう。

〈翔鴎〉では、なるべくデッキ上で食事を取り、キャビン内の清潔を心がけた

　先日、友人のブログ画像で、ヨットに仕掛けたゴキブリホイホイに大小数十匹のゴキブリがかかっているのを見た。ゴキブリホイホイの効果に驚いたが、取り残したゴキブリがまだまだいるかと思うと寒くなる。友人は２ヵ月近い航海の直後だったので、艇内清掃の一環だったのだろう。長い航海では野菜等を裸でさらすことや、炊事の際の食料屑が隙間にたまったりするので、ゴキブリを根絶することは難しい。

　ゴキブリ退治に最も良い方法は兵糧攻めである。すなわち、ゴキブリの餌になるものは一切置かない、もしくは隔離するのである。

　昔、私が世界一周の航海から帰還した時、艇内には外国の港で侵入したゴキブリの数世代下の子孫のゴキブリが相当数棲みついていた。食料品を全て陸揚げして、艇内清掃した結果、その後の１ヵ月間の内に１匹もいなくなった。

　〈翔鴎〉ではこの数年間、ゴキブリを見たことがない。日常的に行っていることが奏功していると思う。簡単に紹介すると以下のようになる。

①航海中の食事はなるべくデッキである。
②食事を終えたら、すぐに片付ける。

③食事片付けの際は、レンジ周り、流し、床板を清掃する。
④生ものは表に出さない。
⑤食料は密閉容器に入れて保存する。
⑥艇内で飲食した際は、終了後に床の拭き掃除をする。

　かつて、ブエノスアイレスに寄港した際、ある家族に招かれヨットの中で食事をした時の話。メニューの中に地元料理のエンパナーダがあった。ミートパイのようなものであり、外側がパイ生地でできているので、普通に食べると、パン屑がぼろぼろと床に落ちてしまう。その時、奥さんが厳しい声で私たちに注意を促した。「なぜ、顔をテーブルの上にもってゆかないか？」。

　フネで食事をするには作法があるようだ。海上自衛官だった私の友人がアナポリスの海軍士官学校に留学した時の話をしてくれた中で興味深いものがある。アナポリスでは食事の際は「スクエア・イーティング」を心がけるとのこと。スクエア・イーティングとは、フォークを垂直と水平に動かすこと。皿からとった食べ物をまっすぐ上に持ち上げ、続いて水平に移動して口に持ってくることである。

　皿から直接口へ運ぶとグレービーや食べ物がこぼれ落ちることがある。白い軍服を汚すだけでなく床も汚すことになるだろう。

　必ずしもゴキブリ対策になるとは限らないが、フネの上ではたかが食事であっても緊張感が必要ということだろうか。

第4章 | ショクトウ（食当）

やっぱり日本食か　2012年1月12日

　昨夜のニュースで2人の日本人英雄の記者会見の模様が報道された。なでしこジャパンの澤穂希さんと宇宙飛行士の古川聡さんである。日本に帰った感想を聞かれ、両者に共通していたのは「日本の食べ物を食べたい」ということだった。

　現在、世界中の都市には和食レストランが存在するので、何も日本に帰らなくても日本の味を楽しむことができそうなものだが、ご本人たちには日本食へのこだわりがあるものと思われる。海外の和食レストランで提供されているメニューには、寿司、てんぷら、うな重、焼き鳥など、どちらかといえば、ハレの場で食べる料理に相当するものが多い。しかも外国人の口に合うように調理された商品としての料理である。澤さんや古川さんは一般の家庭料理としての日本の食べ物をイメージされていたのではないかと思われる。

　外国を旅すると、世界中どんなに辺鄙な町にも中華レストランがあるが、和食のレストランはかなりの大都市でないと見かけることはなく、30年以上前までは日本からの駐在員が多い都市に限られていた。現在では健康志向や和食ブームが重なって、いたるところで見かけるようになった。かつては海外に滞在する日本人相手だったものが、今やワールドワイドの食となった。それに伴って、居酒屋風の安食堂のイメージだったものが洒落た店構えとなり、手の込んだ高級メニュー中心となった。私たちが普段、日本で慣れ親しんでいるみそ汁、納豆、卵かけごはん、干物、佃煮、切り干し大根、冷ややっこ、青菜のおひたし、煮物、おしんこなど、サッパリ系の食べ物は姿を消してしまった。

　話がちょっと逸れるが、私が昔、アルゼンチンのブエノスアイレスにヨッ

トで寄港した時の話をしよう。私たちが滞在したのはラプラタ河口デルタに広大な敷地を構えるクルーブナウティコサンイシードロという名のヨットクラブであった。アルゼンチンヨットクラブよりは規模は小さいが、家族的な雰囲気のクラブであり、私たちはそちらで大歓迎を受けた。ブエノスアイレスの近郊という地の利もあって、曜日に関係なく毎日のようにクラブメンバーによるご馳走攻めにあった。昼はクラブ内のレストランやバーベキューに誘われ、夜はメンバーの自宅へディナー招待を受けた。毎日、途切れることなく一軒ずつの招待が続いたことを思うと、クラブメンバー内の申し合わせがあって、当番が決まっていたのかもしれない。

　10日間以上のご馳走攻めの末、私が感じたのは精神的な不安定だった。漠然とした不安を感じたり、結論が出ない迷いが次々と湧いてきた。その時、むしょうに欲しくなったのがアジの干物だった。こってりの肉料理ばかり食べていたので、体調だけでなく心のバランスまで崩れたのではないかと思っている。

　もう一話。私たちがブラジルのリオデジャネイロに滞在中に知り合った空手の先生の話をしたい。日本で学生チャンピオンになったのちにブラジルへ渡り、ブラジル各地に空手道場を展開した方である。鬼をもひしぐ体格と気力を備えた方だったが、私たちがブラジルを離れてしばらくして、急に不調になり、日本への引揚げをお考えになったらしい。しかし、その時、彼を救ったのはなんと、白米と梅干だったそうだ。

　衣・食・住のうち、私たち日本人は衣と住については高い順応性を発揮するようだ。移民でブラジルに渡った人たちや駐在員の生活をみると、現地に溶け込んで、周囲と変わらない生活をされているが、こと食に関しては日本人の食習慣をしっかり守っている人が圧倒的に多い。

第4章｜ショクトウ（食当）

ヨットで長生き 2011年6月16日

　数日前に、必要があって健康診断を受けた。未だ評価は出ていないが、血圧測定の結果に限って言えば、30年前の数値と変わっていなかった。普段、私は健康に気を遣うタイプではないし、寿命は天命にゆだねているので健康診断の数値に一喜一憂することはない。

　健康診断の前日の日曜日にテレビの特別番組で、人間の平均寿命を100歳に上げる医学研究が紹介されていた。生物にはもともと寿命を延ばすための遺伝子が隠されているようだ。細胞の老化を防いだり、免疫因子の暴走を抑える役割を持っているが、普段は休眠状態にある。サーチュイン遺伝子の名で呼ばれているこの遺伝子を活性化するための引き金になるのが、「少ない食料」とされている。食料が少なくなると、生物は子孫を残すことより体を維持しようとする安全装置が働くようだ。動物実験を通して、寿命が20〜50％伸びる結果が報告されている。

　今やダイエットのためよりは長生きのために節食する人が増加しているらしい。断食なども効果があるように思えるが、果たしてどれだけの期間の節食を続ければサーチュイン遺伝子が活性化するのだろうか。また、一旦、活性化したら、その後に飽食状態になっても遺伝子は活性化し続けるだろうか。サーチュイン遺伝子が活性化するためには、ダイエットの節食レベルよりは遥かに過激なものになると思われるし、拒食症になったりすればかえって命を縮める結果となるだろう。

　ここで私流の我田引水ロジックが頭をもたげてきた。ヨットの長距離航海がいい効果を上げるのではないだろうか。私が過去に体験した世界一周航海において、陸地を離れて1週間もすると食べ物の摂取量が劇的に減少することが起きた。食事の回数は1日2回。朝昼兼用で、麺類が

50g程度、夕食がコメが5勺で副菜が少々。運動量が少なくて、これ以上食べると胸焼けを起こすので、制限しなくてもそれ以上は食べられなかった。1日一人あたりの摂取量は1,000キロカロリーに満たないかもしれない。客観的に見れば飢餓状態にあるのだが、飢餓感に苦しむことは全くなかった。

　私は30歳になる前、2年近くこのような生活を続けたが、この時にサーチュイン遺伝子が活性化したとしたら、人生における大きなボーナスをいただいたことになるかもしれない。当時の私の余命が50年として、その20％とすると10年間余分に生きることができることになる。

　私は現在、平均寿命まであと10年近くになって、そろそろ旅立ちの準備を始めなければならない年齢になったが、まだまだ元気にヨットに乗ることができると思っている。時々、実際年齢よりも15歳ほど外見が若く見られることもある。

　ヨットの長距離航海が長生きに役立つことを証明するために、私自身が長生きする必要があるかもしれない。先輩から教わったようにGNPで行くこと、すなわち、元気、長生き、ポックリが理想だったのだけど……。

| 第4章 | **実践ショクトウ（食当）**

能崎船長と〈翔鴎〉

追想 能崎船長

　能崎知文さんは、40数年前、まだ20代の終わりの頃、旧国鉄のエリートコースに在職していましたが、同じ職場の友人を誘惑（?）して退職し、ヨットSK31（渡辺修治設計・加藤ボート建造）を購入。〈そらとぶあひる〉と命名して、1973年11月、男3人で世界一周航海に出航しました。当時はまだ海外クルージングに出かける人は少数でしたが、若者たちには活気があり、夢の実現に向けて困難を乗り越える勇気を持っていました。

　航海中さまざまな経験を積みながら、1年10カ月をかけて無事に世界一周を成し遂げ、横浜市民ヨットハーバーに帰港されました。実行計画準備中に、艇の改造をほんの少しだけお手伝いした記憶があります。

　帰国後、仲間のお二人は国鉄に復職されましたが、能崎さんは今でいうフェアトレードのような形態の輸入業を営んでいました。いろいろ新しいものを考案したり、作ったりするのが好きな人で、地震対策の倒れ防止の突っ張り棒も実用化したそうです。

　20数年前に、情報提供会社リクルートが社員の厚生施設として、60ftの大型ヨット〈翔鴎〉を建造することになり、私がその設計を担当しました。その過程で、リクルートの幹部から「誰か〈翔鴎〉の船長さんとなる人はいませんか」と尋ねられ、真っ先に思い浮かんだのが能崎さんでした。そこから話が進み、ご本人も快諾されて能崎船長が誕生しました。

　進水後まもなく〈翔鴎〉は全国各地を訪れ、初年度だけでも乗船者数は5,000人を超えたそうです。この時募集したクルーはアマチュアで、学生を含めてさまざまな職業の人がいて、彼らは航海を経験するうちに、どんどん成長しました。これらの1期生から12期生まで続くことになった仕組みは、後に能崎さんが主宰する「実践ヨット塾」の原型となりました。

　時が過ぎ、リクルートがヨット厚生事業から撤退することになりました。この時、能崎さんは株式会社海洋計画を立ち上げて、渋谷に事務所を構え、〈翔鴎〉を買い取り、静岡県伊豆の下田港をベースとして活動する決心をしました。併せて小型船舶操縦士の免許教室も始め、こちらの受講者数は1,000名をはるかに超えていると思います。

ヨットデザイナー　林 賢之輔

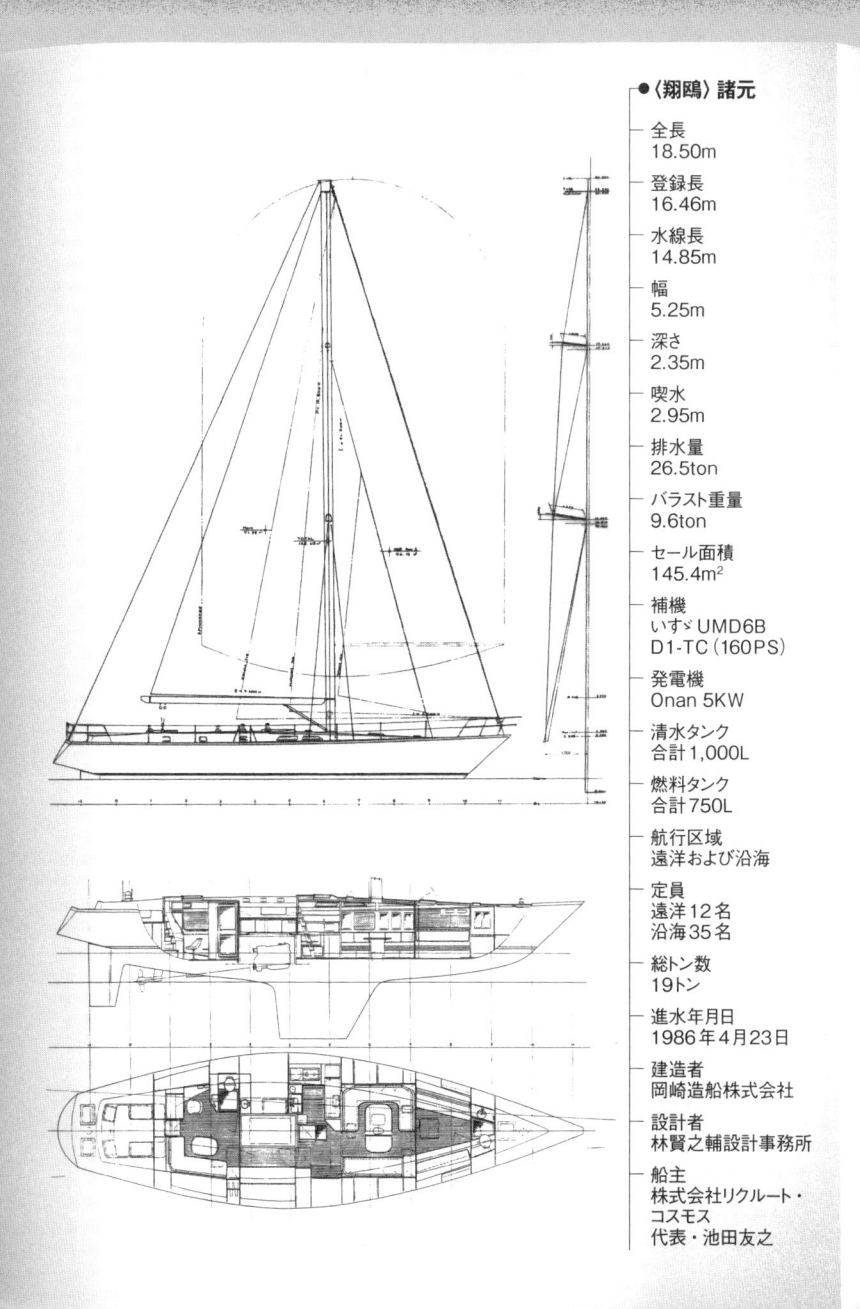

● 〈翔鴎〉諸元

全長
18.50m

登録長
16.46m

水線長
14.85m

幅
5.25m

深さ
2.35m

喫水
2.95m

排水量
26.5ton

バラスト重量
9.6ton

セール面積
145.4m²

補機
いすゞUMD6B
D1-TC（160PS）

発電機
Onan 5KW

清水タンク
合計1,000L

燃料タンク
合計750L

航行区域
遠洋および沿海

定員
遠洋12名
沿海35名

総トン数
19トン

進水年月日
1986年4月23日

建造者
岡崎造船株式会社

設計者
林賢之輔設計事務所

船主
株式会社リクルート・
コスモス
代表・池田友之

「実践ヨット塾」は、実体験に基づいた分かりやすい指導により好評を博し、ビギナーからベテランまで、さまざまな人が受講しました。このヨット塾の特徴の一つはエンジンを使っての操船方法で、離着岸におけるマニューバリングにあります。私が今までお付き合いしたヨット乗りの中で、離着岸の操船は能崎さんが一番上手でした。普通の気象条件下では、1人で60ft艇を離着岸させることができました。

　私はこのヨット塾で、船の諸元、外洋ヨットの構成要素、復原性、安全対策など座学を担当したことがあります。しかし能崎さんは、机上の知識よりも、海上でははるかに有用なシーマンシップ・運用術を多くの人たちに伝授されたと思います。体験航海として下田〜小笠原クルージングを毎年のように実施していました。
　能崎さんが自ら考案した落水者救助方法があります。独特のヒーブツーを利用した方法で、これまでに推奨されてきたいくつかの方法を実際に試した上で、この方法が一番早く落水者に戻ることができると言っていました。また「能崎ヒッチ」とも呼べるロープの結び方を考案し（ロープの端末を引くと結び目が解けるヒッチ）、離岸のテクニックとして使っていました。これらは実際に見事に機能を果たしていました。

　〈翔鴎〉が行った仕事として、環境省の依頼による鳥類保護活動がありました。具体的には、山階鳥類研究所の調査員と機材を、八丈島の南約300kmにある無人島、鳥島へ陸揚げする仕事です。鳥島には船を係留する場所がないため、天候を見計

左：国内最大級のヨット〈翔鴎〉。能崎船長は、この60ft艇の離着岸操船を1人でこなした
上：アフトコクピット全景。「実践ヨット塾」では、多くの受講者がここで操船術を学んだ

らって接近してゴムボートで人と機材を渡した後、小笠原か八丈島で待機し、調査が終わり次第、再び鳥島へ行き引き揚げるという業務でした。何年か継続して毎年実施し、成果を上げていました。

そして2012年10月4日、誠に残念ながら、同活動において八丈島で待機する時に台風に見舞われ、不運にも命を落とされました。

もっと一緒に楽しいお酒を飲みたかった。
あの元気のよい一本調子のカラオケも聞きたかった。
「えへへ、えーえ、いいですね」と言っていた、あの能崎さんの笑顔が忘れられません。

〈翔鴎〉建造の頃

1984年、ヨットを通じて知り合いだった笠井門人さんから紹介を受けて、リクルートより大型ヨットの設計注文をいただきました。

リクルート社は、創業者である江副浩正さんが東京大学に在学中に立ち上げ、「週刊就職情報」などで大ブレークした会社で、創業25周年の記念事業としてヨットを造ることになったのです。窓口となった担当者は、テクニカル・クリエイティブ・センターの大迫修三さん。多摩美大出身の優秀なクリエイターで、注文も多かったのです

左：アフトキャビンは、ナビゲーションルームであり、船長の寝室であったという
上：60ftの大型艇ゆえ、〈翔鴎〉にはセンターコクピットが備わる

が、スタイリングやカラーリングなど貴重な助言をいただくことができました。

　なるべく多くの人に乗って楽しんでもらうこと。それもゲストとしてではなく各人がなんらかの役割を担い、自ら操船に携わること。みんなで力を合わせて船を動かす——というのが〈翔鴎〉のコンセプトです。動く厚生施設とも言えるから十分な安全性を持っていること。一級小型船舶操縦士の免許で運航できること。等々の理由から、総トン数20トン未満に抑えた最大艇とすることになりました。帆走のみならず、予定のスケジュールをこなすための機走スピードも要求度が高かった。打ち合わせを重ねつつ、詳細設計に入り、約1年間かかって必要な図面、書類等が出来上がりました。

　造船所の選定は、国内建造を想定していたので限定されたものとなり、香川県小豆島の岡崎造船に決定しました。ヨットビルダーとして岡崎造船を創業した先々代の岡崎社長も会長としてお元気な頃でした。1985年8月に起工式が行われ、1986年4月に進水しています。

　進水式は盛大でした。船主代表の池田友之さんによって〈翔鴎〉と命名され、パーティーでは大勢のお客さまと、当時40〜50人いた岡崎造船の職人さんたちにも参加していただき、美酒に酔いしれました。

　テストセーリングも順調に進み、機走スピードは公試運転でマックス10ノット超を記録。プロペラは3翼可変ピッチ（デンマーク・フンデステッド社製）なので、積荷状態に応じた最適ピッチを選ぶことができれば、10.2ノットが期待できます。その後、約1カ月間で九州、広島、大阪、名古屋、横浜を巡航し、初期の成果を上げることができました。

1987年に行われた「第3回ジャパン-グアムレース」フィニッシュ後の1枚。手前の2人、向かって左側が能崎船長、右側が林氏

　同年末に開催された「第3回ジャパン-グアムレース」に参加したのも楽しい思い出です。

　スタートは寒い朝でした。北西の季節風が吹き始め、スピンで快調に走っていたのですが、日没後、次第に風力が強まり、波も悪くなってきたのでスピンを収納。翌朝見ると、スピンポールがない！ラッシングが悪かったのでしょう。レーシングムードはクルージングムードに切り変わってしまいましたが、クルー一

能崎船長と〈翔鴎〉

同は元気はつらつ楽しいセーリングを続けました。

　さらには原因不明の浸水が発生（結局、能崎船長が浸水箇所を発見、解決した）。その結果、発電機が冠水して動作不能となり、冷凍冷蔵庫も使えなくなったので、大量に買い込んだ肉類を腐る前に食べちゃえ！と船上パーティーの始まりです。そんな事件はあったものの、無事に約6日間でグアムにフィニッシュすることができました。この航海でデイラン258マイルを記録しましたが、これは今でも自分のデイラン記録になっています。

　〈翔鴎〉は楽しい雰囲気に包まれ、順調な滑り出しを見せていましたが、「リクルート事件」が起きてからはメディアへの露出を控えるようにとのお達しがあって、表立つ活動を控えなければならなかったことが、大変残念でした。多くの人たちに乗船してもらい、海事思想の普及や練習帆船的な活動も視野に入れていただけに、能崎船長も落胆されたと思います。

　後年、能崎さんは〈翔鴎〉を自分の船として運用し、その想いを果たしていました。しかし、まだまだやりたいことがあったのではないだろうか、と思わずにはいられません。

2013年6月　林 賢之輔

「ケンノスケカップ・ヨットレース」で快走する〈翔鴎〉

第5章
クルージング

ケンノスケカップへ出撃! 2008年5月21日

　第13回「ケンノスケカップ・ヨットレース」が、5月24日に神奈川県の三崎水域で開催される。〈翔鷗(かもめ)〉も長躯下田から参戦する。実行委員会事務局長の九里保彦さんの情報では沼津の〈福丸〉が本日(21日)13時に油壺に到着、九里さんの〈あうん〉は明朝、西伊豆安良里を出航して、下田経由で三崎へ向かうという。関東近辺の水域から林賢之輔先生ファンのヨットが続々集合するわけだ。
　〈翔鷗〉は23日の朝、下田出航、同日夕刻三崎到着、レース終了後、25日午後に下田到着予定。レース当日の天気予報はパッとしない。雨模様、微風。ガンガン吹けば優勝をかっさらって凱旋という段取りなのだが……。

三崎へ回航 2008年5月23日

　5月23日朝6時起床。出港準備開始。朝一番に〈翔鷗〉を桟橋へシフトした。朝食の後、お酒、食料の買出し、給油をすませて、0930に出港準備完了、すべて予定通り。前夜からの泊まり組7名と早朝合流の1名の合計8名での回航となった。安良里(あらり)から寄港していた〈あうん〉は早朝6時に出航したようだ。昨夜のうちに、洋上でのランデブーを約束している。
　0935下田を出航した。港入り口の灯台を過ぎた頃、いきなりハプニングが発生した。何と! 大きな飛び魚がデッキへ飛び込んできた。脳震とうを起こしたらしくて、気息奄々(きそくえんえん)の体である。天からの授かりモノ、幸先の良いスタートとなった。お刺身にできそうな大きさだが、門出に無益な殺生

| 第5章 | クルージング

をしないことにして、早々に海中へお引取りをいただいた。

海上はまさに春の海。のたりのたり、ミストがかかって、伊豆半島も大島も見えないので、360度の「一大紺円盤(いちだいこんえんばん)」の上にいるようである。ヘルムを自動操舵に任せると、後はやることがない。

竹内さんが一人で、艇のメンテに取り組んだ。最後の化粧直しである。コンパニオンウエーの木工事、ハルの修繕を終えたところで、本人が出来上がってしまった。前夜の深酒がたたったようだ。

15時ちょうどに三崎港到着。〈あうん〉は30分、先に着いていた。

レース本番 2008年5月24日

5月24日、いよいよレースの当日を迎えた。5時ごろに眼を覚まして、係留場所付近を徘徊した後、コンビニで本日の朝食と昼食を10人分買ってきた。9時の出港なので時間は十分にある。9時近くになって、最後の合流メンバーの石田制利さんがやってきた。過去のレースではスタート直前にモーターボートでいきなり乗船してきた荒業の持ち主である。また、別名、おみやげマンとも言う。今回も優勝の際に飲むシャンペンとおつまみ、レース中に食べるお菓子を伴っての参加である。

世代交代を兼ねて、今回のレースで初めて、ヘルムを竹内さんに任せることにした。レースで私がヘルムを取る時はリタイアになることが多くて、ファーストリタイア賞を新設するようレース実行委員会へ圧力をかけ続けた経緯がある。それもかなわずに、今回の仕儀となった。ナビゲーターは北條裕明さん、残りのメンバーでセールトリムとヒール調整をする作戦方針を打ち出した。

レース海面にスタート40分前に到着した後、付近を遊弋して、スタートラインの確認、タッキングの最終仕上げを行った。帆走指示書のスタート手順は以下のようになっている。

予告信号（5分前）K旗掲揚：音響信号1声
準備信号（4分前）P旗掲揚：音響信号1声
（1分前）P旗降下
スタート　K旗降下：音響信号1声

　私はP旗とK旗の順番を間違えて、K旗が降りた時が1分前と思っていた。最終アプローチに掛かろうとしたら、全艇がスタートラインへ殺到しているではないか。スタートで遅れをとってしまった。ラインを横切った時点で、先行艇が6、7隻いた。
　しかし、のんびりスタートは〈翔鴎〉の麗しい習性なので、落胆するには及ばない。〈翔鴎〉は参加艇中、最大で、ポテンシャルのスピードも最大なので、全艇をゴボウ抜きできる楽しみが用意されている。
　ところがどうしたことか先行の2艇だけは追い抜くことができないどころか徐々に水をあけられている。マーク回航時にかなり接近したが、復航でさらに水をあけられてのフィニッシュとなってしまった。着順3位、修正8位。

左から能崎船長、ヨットデザイナーの林賢之輔さん、〈翔鴎〉の長距離航海に何回も乗船している北條裕明さん

第5章 | クルージング

　三崎港の係船場所隣にある会場でのパーティーとなった。参加約100名。ハワイアンの生バンド、フラダンスもついて超豪華なものだった。私たちのグループは、次次世代のヨットマンも含めて15名が参加した。数年ぶりに見る顔もあったりして、懐かしいやらうれしいやらの数時間だった。

下田への帰航　2008年5月26日

　翌日5月25日は下田へ戻る予定だ。24日の夜中に土砂降りとゴウゴウうなる風に何度か夢を破られてしまった。朝5時半の起床時に風が衰えていないことが分かった。風向は南西、風速は海上では軽く20m/sをオーバーしていそうだ。しかも低気圧の風なので、波が最悪に近いものだろう。前夜に出港した西伊豆のヨット〈福丸〉は今朝の未明に、爪木崎沖で難儀をしたらしい。下田へ向かう同行船〈あうん〉も不安な様子で、二度の電話があった。三崎を出たら門脇崎を狙って、コンパス針路240度、そして爪木崎へ向かうコースを薦めておいた。

　8時ちょうどに、〈あうん〉と〈翔鴎〉は解らんした。多数のレース参加者が見守る中、通常であればヨットの離着岸は大騒ぎになる船上であるが、〈翔鴎〉は私たちがやっているSIJ（NPO法人日本帆走技術普及会）流の操船術で、粛々として桟橋を離れた。

　小さなメーンセールを揚げて港外に出ると、そこは阿鼻叫喚の世界だった。風は南西、波は南で、コースを変えるごとに激しいローリングもしくはピッチングを繰り返す。後を振り返ると、〈あうん〉がピッタリと航跡を追いかけている。しかし、だんだん小さくなってゆく。コースからかなり落とされて、11時ごろ熱海沖に来たので、コースを変えて南下を開始した。

その頃からピッチングが激しくて速力が出なくなった。

　17時に爪木崎沖。20年間、下田にいて、最悪の爪木崎の海を見た。相模湾最大の海の難所の名にしおうものがあった。波高は5m以上、しかも切り立った三角波である。海全体が沸騰しているようだ。ジワリジワリと爪木崎を越えると急に波がおさまり、普段見慣れた下田の海が広がっていた。

　下田到着17時30分。9時間半も要したことになる。私の中では最長新記録である。この間、私は操舵席で凍り付いていたので、写真を撮ることができなかった。

　〈あうん〉は20時過ぎに下田に到着した。12時間を要したわけである。ヨットは爽やかなイメージだが、時として耐え難いほどの苦痛を強いてくることがある。ヨットが好きになるということはイイことも悪いことも全てを包み込んで、好きになるということだと思う。今回、帰りの航海に参加した人の中には二度とヨットに乗りたくないと思う人もいたかもしれない。しかし、私は安心している。今回は駄目だったかもしれないが、次回にはきっと大シケの海でも活躍できるようになりたいと思うようになるからである。

カオハガンの崎山さん　2008年7月22日

　10年ほど前、年末にカオハガンという名の島へ出かけたことがある。フィリピンのセブの東に浮かぶ小さな島である。この島の話を書いた「何もなくて豊かな島」という本を読んで、はまってしまい、さらに関連の本を数冊読むうちに、「南太平洋の旅」（後に「南十字星に針路をとって」と改題し、新潮文庫から出版）にぶつかった。フィリピンからアメリカまでヨッ

トを回航する話だが、乗っていたヨットが途中で沈没してしまうのである。いろいろ不明点があったので、著者に直接会って話を聞こうと思って出かけたのが、著者が住むカオハガンであった。著者は崎山克彦さんといい、カオハガン島を丸ごと個人で買った人である。昨日、テレビ番組を見ていたら、"アジアの海を守る日本人"の一人として登場し、島の生活ぶりが紹介されていた。

　崎山さんのすばらしいところは、島をお買いになった目的が悠々自適のリゾートライフを送ることではなかったことだ。島を購入後は住民の衛生面、教育面の改善を図るだけでなく、経済面まで面倒を見ていることである。10年前にはなかったことであるが、最近では島の周囲に海の生物のサンクチュアリを設けて、磯焼けした海を回復するための努力をされている。フィリピンの行政もできないことを個人の立場で実行し、立派な成果を挙げているのだ。崎山さんが島を購入した時は、人口300人だったのが、最近では島へ移住してくる人が増えて500人になったという。

　崎山さんにはこの10年間に2回、「海洋計画」を訪問していただいたことがある。崎山さんの考え方は十分理解しているつもりである。最も賛同する点はモノを所有することに関しての考え方である。彼はカオハガンを所有しているとは思っていない。"縁があって、住民たちの仲間入りさせてもらった"程度に考えていらっしゃる。モノを所有するだけでは価値は発生しない。せいぜい、先々の値上がりを待つだけである。利用してこその価値である。ベストな利用の仕方を考え、多くの人々の幸せにつながる方法を選択されたのである。

　地球環境の保護とか戦争のない世界とかを考える時、私たちは大上段に振りかぶってモノを言いがちであるが、結局は個人の立場で地道にやってゆくことが最良の近道なのかもしれない。

KANPEI EARTH Marathonに思う　2009年1月6日

　お笑いのタレントの間寛平さんが元日にヨットで太平洋横断に向けて出帆された。ものすごい壮挙だと思う。何年かかっても、是非とも「アースマラソン」を完成させて欲しい。できれば彼の壮挙によって、日本全体が元気になってくれることを願っている。

　マラソンとヨットを組み合わせて、地球を一周するという発想は寛平さんならではのものと思われるが、実はコレ、ものすごく難しいことだと思う。多分、ヨットだけで世界一周するよりもはるかに多くの困難がある。寛平さんは自らを語ることはしない人でもあり、充分調査、研究した結果だと思うが、より困難な選択をしているように思える。

　この計画がいかに困難か、私の経験を踏まえて述べてみたい。

　まず第一点目、長い航海の直後は足の筋肉と心肺機能が衰えているので、すぐには走ることはできない。私が過去に丸60日間の無寄港航海を終えた時、陸上を200m以上は連続して歩くことはできなかった。頻繁に道端にしゃがんで、体力が回復するのを待って歩き続けたものだ。航海中は座っているか横になっているかしかないし、体を移動する距離は数歩でしかないので、極端に足の運動が不足するからである。この点を克服するためには、航海中は筋トレ、現地へ到着後はリハビリとトレーニングの時間を相当見込まなければならないだろう。可能であれば、到着前の航海に要したのと同じ長さの日数が必要だと思う。

　第二点目、使用するヨットの問題を取り上げなければならない。BCC（ブリストルチャネルカッター）28はクラシックで味わいのあるヨットではあるが、帆走性能を重視しているヨットではない。スピードが出ないこと、上り性能が良くないこと、居住空間が狭いことを指摘したい。

それから日本を出帆の後、冬季は大圏コースを取れないので最初に南下して、次に東へ変針すると、北東貿易風の本通りに入ることになる。アゲンストの風に向かって走り続けることになり、ノンストップで太平洋を横断するとすれば、順当に行って70日間ほどかかるだろう。時間がかかるかもしれないが、ハワイへ寄港した方が良いように思う。

「アースマラソン」で、間寛平さんが太平洋と大西洋を横断航海したヨット〈エオラス〉（BCC28）

ヨットの走りは遅くとも、根気を切らさずに頑張れ！と、言いたい。

太平洋横断 2009年6月23日

今年の元旦から始まった間寛平さんの太平洋横断が無事に成功したことが影響しているのか、私の周囲には太平洋横断、南太平洋へのクルージングの話題が多くなってきている。その内の数件は、実際的かつ具体的な相談を受けている。

先日は、大人数で太平洋横断を計画しているグループの要請を受けて、参加予定のお仲間たちに会ってきた。ヨット経験は全くない人たちに1年間かけてトレーニングを施し、太平洋横断のための実力を養成してほしいというものであった。これは決して不可能なことではない。現実に、ヨット経験が全くない方が私どもの「実践ヨット塾」を修了して、間もなく世界一

周の旅に出られ、すでに太平洋を往復で横断、楽しく旅を続けていらっしゃる。

　しかし、単独航海を志す人に比べると、あまりの屈託のなさに驚いた。ヨットの実情を知らないのだから仕方がないと自らを納得させることにした。参加人数が多いということは安心感につながるかもしれないが、実際は全く逆になる。航海中に一人でも病気、怪我、異常な心理状態や止むをえない事情によって帰国せざるをえない事態が発生すると、中断や中止せざるをえなくなるだろう。

　日本からアメリカへ渡る大圏コースを取れば、陸地を遠く離すので寄港地は皆無である。日本へ引き返すか、アメリカまで続航するかの選択肢しかない。中途半端な気持ちで参加した場合、計画そのものの足を引っ張ることになるだろう。

　気仙沼のマグロ船の船長から聞いた話によると、初めて船に乗る若者はたいがいトラブルを起こすようだ。航海の辛さに耐え切れなくなって、何が何でも家に帰りたいといって泣きわめく者もいるようだ。乗員の下船のため、漁場を遠く離れた港まで往復することになって、計り知れないロスが出るという。

　最新式のヨットは性能が良い上に、安全対策もシッカリ取られているので、よほどのことがない限り目的地に確実に到着するようにできている。しかしながら、ヨットの内で最ももろい部分が人間の問題である。過去にヨットで長距離航海に出かけ、その途中で人間関係のトラブルによって計画を取りやめたり、齟齬をきたした例を多く見聞している。海と空しかない環境の中での単調な生活、いつもと同じ精神状態を維持することは極めて困難なことである。いっそのこと無人のヨットを自動操縦にして送り出す方がはるかに可能性が高いともいえる。しかし、そのような試みにど

| 第5章 | クルージング

んな価値があるだろうか。人間が参加することによって、喜怒哀楽やいろいろな経験を通して人間的に成長するチャンスが存在するのだ。

　練習のための時間が1年間あれば、必要な知識や技術を教え込むことは可能だが、果たして異常な環境下で、異常な心理状態でその知識や技術を発揮できるとは限らない。私は準備8割、実行2割という言葉を伝えてきた。意味するところは一般には出航にこぎつけた段階で8割方成功したと考えるということだが、私はさらに計画達成のための努力の総量の8割をもって準備に当たるように提案している。準備の段階で、人間が変らなければならない。逆に言えば、人が変るほどの努力を準備段階で注ぎ込む必要があるということだ。

　私には解明できていないのだが、果たして人間は劣悪な環境下で、異常な心理状態の中で、どれだけの時間を耐えることができるものだろうか。例えば、3日間であれば、たいていの人は耐えるだろう。間寛平さんの太平洋横断のように約70日間では、どれだけの人が耐えるか、興味が湧いてくる。私の世界一周航海では港間の無寄港日数は最長で60日間であった。当時、私なりに精神の均衡を保つためのコツを身につけていた。これは誰にでもできることである。すなわち、頭の中をカラッポにして、何も考えない。そして目の前にある義務だけに集中することだ。特定の思考回路を閉じてしまうのである。航海中に家族のこと、次の寄港地のこと、おいしいご馳走のことなどを考えると、現実の状況が耐えられなくなることがあると思う。

　私は現在でも陸上で、このコツを利用している。悲しいデキゴトにであった時、苦しい思いをしている時、私は頭をカラッポにして、時間が過ぎるのをひたすら待つことにしている。

ホームスピード 2009年2月26日

　帰心矢の如し。ヨットでの長い航海がおしまいに近付き、針路をホームポートに向けたとたんに急にスピードが上がるものだ。ヨットをこよなく愛していても、海の上にいる限りストレスは徐々に沈殿してくる。のしかかっている重荷から開放されるのは陸に上がった時である。心身ともに開放される瞬間を目指してまっしぐらに家路を辿るわけだが、この時の速度をホームスピードと言うそうだ。英語にはホームが付いた言葉がいくつかあって、なかなか味わい深いものがある。ホームストレッチ（ゴール前の直線）、ホームシック、ファーストホーム（ヨットレースで一着でフィニッシュすること）、ホームラン等。

　ワシントン・アービングという作家は「Voyage」という小品の中で、船旅をすると、航海中は家と自分をつなぐヒモを引きずっている気分になると言っている。ヨットの航海では、そのヒモはゴムヒモであり、家から離れるにしたがって張力が大きくなって、帰り道は飛んで帰ることになるのかもしれない。

　私は長年、船舶免許の講師をやっているのだが、講習を終えて数人の先生たちと帰る時、皆さんがおっしゃるには「講習を終えて、駅に向かって歩いている時が最も楽しい」と。

　物事をやっている最中というのは無我夢中であったり、期待と不安が入り混じった気持ちにであったりするが、終わった時にホッとする安堵の気分がやってくるのだろう。このようなことは陸上でも起こることだ。スペインの笑い話に面白いのがある。家に訪ねてきたお客がなかなか帰らない時、その家の奥さんはさりげなく、灰皿をお客の前に出すという。その灰皿には「お客があるとうれしい、帰るともっとうれしい」と、文字が入っている。満

第5章 クルージング

足感や幸福感はコトの最中ではなくて、終わった時にやってくるものだ。

　私はクルージングの計画を立てる時、寄港地がいくつもある場合は、最初の寄港地に最も遠い港を選ぶことにしている。逆に、最初の寄港地をホームポートに近い港を選ぶと、途中でショートカットして帰ってくることが起こりがちである。山登りで言うならば、ベースキャンプをいくつか設けながら頂上へアタックする方法（ポーラーメソッド）と、一気に頂上を目指す方法（ラッシュタクティックス）がある。私が採る方法は後者である。

　前者は安全で確実そうではあるが、最終目的を達成できない場合が多く、帰って来られないこともある。ゴムひもを引きずって航海を続けている気分を考えると、威勢のいいうちに思いっきり航程を伸ばして、ゴムの張力を利用して帰ってくるのが順当なやり方だと思う。

五ヶ所湾クルーズ　2010年5月6日

　ゴールデンウイークは五ヶ所湾へクルージングに出かけた。私にとっては数年ぶりのオーバーナイトの航海であった。5月1日から5日までを予定して、五ヶ所湾のほかに紀伊半島にも足を伸ばすつもりであったが、1日は強風と艇の整備に時間をとられ、1日延期して出航したので、紀伊半島は断念せざるを得なかった。

　5月2日の午前に下田を出航して、アゲンストの強風の中を遠州灘を越えて、19時間近くかけて五ヶ所湾に到着した。クルーはほとんどが夜間航海が初めてという方ばかりであったが、トラブルなし、ノーミスであった。私が最も感心したのは、強風下の航海にもかかわらず、3度の食事がシッカリ出てきたことである。

下田港出航直前になって、コンパスのライトが切れていて、しかもスペアがないことが判明した。最大の懸念材料となったが、自動操舵を併用することによって、切り抜けることができた。

　私にとって五ヶ所湾への寄港は２回目であったが、湾が複雑に入り組んでいるので、目当てのマリーナを探すのに手間取ってしまった。

　五ヶ所湾にはかつて下田港で係留仲間だった〈波切大王〉がいて、船長の菅井英夫さんは海遊人マリーナの経営者である。快く〈翔鷗〉の停泊を認めていただき、多くの便宜を図っていただいた。

　さらに、五ヶ所湾にはSIJ（NPO法人日本帆走技術普及会）メンバーのSさんのヨットが係留していて、〈翔鷗〉が入港するや、家族全員がヨットに乗ってやって来て楽しい滞在をさらに盛り上げてくれた。

　五ヶ所湾の付近には飲食店等がほとんどないので、地元の美味を堪能する目論見は見事に外されてしまったが、車で30分ほどかけてスーパーマーケットで新鮮食材を購入して船上で食事をすることにした。

　今回の航海にはなんとシップドクターが同行された。専門が精神科と整形外科なので、ヨットマンにとって、これ以上のマッチングはない。行きの航海でトイレ引きこもり状態であったKさんがドクターのアドバイスによって、帰りの航海では見事に復活していた。

　五ヶ所湾の周囲は白昼にイノシシが闊歩しているほど浮世離れした環境である。連休中はさぞかし混雑しているのではないかと危ぶんだが、寄港したヨットは私たちの２艇のみであった。できれば大っぴらにしたくないが、穴場であることは確かだと思う。

第5章｜クルージング

鳥島のアホウドリ 2010年4月19日

　今年は春先から天候不順が続いている。野菜の値段が高騰したり、魚の入荷が減っているのは天候不順が原因であるようだ。

　本日、私の友人の茅島春彦さんから連絡が入り、はるか南の鳥島でも異常事態が発生していることが判明した。鳥島では長雨が続いて、島のアホウドリの繁殖場所が土砂で埋まったようだ。茅島さんは矢も盾もたまらず、すぐにでも鳥島に渡ってアホウドリの保護活動を始めたい様子であったが、簡単にアクセスできる島ではない。八丈島からは300km近く離れており、通常はヘリコプターもしくは漁船をチャーターするほかに交通の手段がない。

　〈翔鷗〉を出すことができればよいのだが、臨時航行許可や乗員の手配等のために相当な日数がかかるだろう。

　鳥島のアホウドリは貴重な自然遺産である。ベーリング海から渡ってきて、鳥島のほか、ごく限られた島を繁殖地としているのである。アホウドリを絶滅の危機から守るためには鳥島の自然環境を良好に保つことが必須である。

　茅島さんからの連絡を受けた後、私は一日中、いかにして茅島さんの希望をかなえることができるかを考えて過ごした。茅島さんは長年、鳥島へ渡りアホウドリの繁殖に尽力されている方である。2000年に〈翔鷗〉がNHKの番組「生き物地球紀行」の取材協力のために北硫黄島へ航海したのが縁で知り合った。大シケの海で無人島の岩場へ上陸作戦を成功させた実績を買われて、私に依頼してきたものと思われる。

　下田〜鳥島の往復に4、5日がかかるとして、6月の始めに1回、下旬に1回往復する計画を進めてみようと思っている。急な話なのでスケ

ジュール調整が必要だろう。

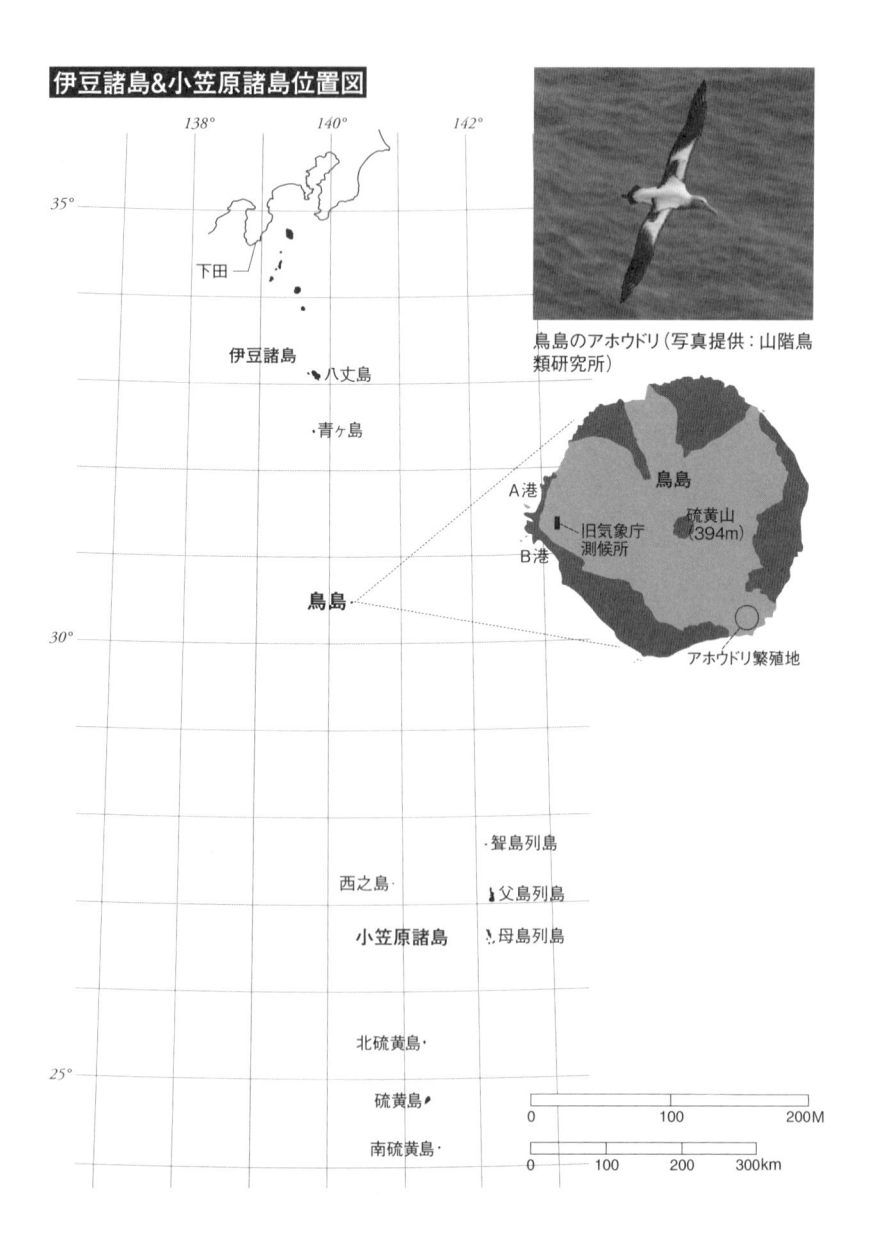

伊豆諸島&小笠原諸島位置図

鳥島のアホウドリ（写真提供：山階鳥類研究所）

第5章 | クルージング

鳥島へ、ついでに父島へ 2010年5月31日

　いよいよ来月、鳥島のアホウドリを救う目的の研究者チームを運ぶために航海に出ることになった。〈翔鴎〉の定員の関係で上陸班全員を一度に運びきれないので、行きに2往復、撤収に2往復、八丈島から鳥島間を全部で4往復する計画だったが、上陸組が作業している間、途中に約6日間ほど空きができるので、このチャンスを利用して父島へ向うことにした。しかも、鳥島〜下田を往復するより、鳥島〜父島を往復する方が100マイル短縮されることになる。

〈翔鴎〉にとっては5度目の父島寄港になるが、前回の航海からは8年ぶりとなる。前回は7月に行ったので、行き帰りともに台風に翻弄される航海であった。沖縄付近に台風がいるだけで、小笠原近海は大荒れになる。行きの航海では波高5、6mの大波が真向かいから押し寄せ、4日間に渡って苦闘した。ジブシートが2度も切れるほどのすさまじさであった。

　たまたま今年の「ケンノスケカップ・ヨットレース」で、8年前の小笠原航海に参加した9名のうち、5名が一堂に会するというハプニングがあった。そのうちの一人河野恭子さんは、博多からレースに参戦されていた。小笠原からの帰りの航海では、下田直撃のコースを取る台風とどちらが先に下田へ着くのか競争であった。よほど苦しかったのだろうか、夜中に下田へ着くや否や、タクシーを雇って東京へ直帰した方が2人いらっしゃった。航海直後はヨットなど見るのも嫌と言っていた人が、しばらくして42ftの最高級ヨットをお買いになり、日本近海を縦横に走り回るほどになってしまった。今や、男性の参加者7名は全員、ヨットオーナーである。小笠原航海にはヨットの初心者をも強烈にヨットにひきつける魔力があるようだ。

さて、今回の航海の話に戻ろう。約2週間で、1,700マイルほど走ることになる。ちょうど下田からパラオまでの距離に匹敵する。私にとっては久々の大航海になるので前途への不安が起きるかと思いきや、期待感の方が上回っているのだ。

　6月の父島は、年間を通してベストシーズンだと私は思っている。観光客は比較的少なく、気候も爽やかで過ごしやすい。6月12日が新月なので、父島へ向かう頃、毎晩きれいな星空を見ている自分を想像している。

ひと時の休息 2010年6月9日

　下田を6月7日月曜日の夕方6時に出航して、翌日の朝9時に八丈島の神湊(かみなと)港に到着した。昨日はもっぱら補給と休養に当てた。前日は徹夜だったので、緊張が緩むと"沈没"しかねない。一足先に到着していた鳥島上陸班の歓迎を受けて、山中にある露天風呂へ連れて行ってもらった。水着着用の混浴であったが、無料、無人。浮き世離れのひと時を堪能した。

本日、出航 2010年6月10日

　八丈島入港以来、連日、暴風が吹き荒れている。漁期は最盛期のはずであるが、3日間、出漁する漁船は1隻もいない。おかしなことに気がついた。神湊漁港にはずーっと15m/s以上の風が吹いているのだが、海上保安庁の灯台気象情報ではいつも4〜6m/sである。風速計が壊れているか、測定場所が不適当なのだろう。昨日、友人の北條裕明さんが合流

した。荒天のため、彼の乗る連絡船は島の反対側にある八重根港に入港した。全ての準備が整ったので、本日出航の予定。八丈島付近はまだ強風があるものの明日、鳥島では穏やかと判断を下した。北東の風を得て、一気に南下を果たしたい。

順調な航海 2010年6月10日

　本日、昼食の後、出航した。神湊漁港の入り口は5mの向かい波、ヨットに乗るのが初めてという方が大半だったので、とたんに船酔い者が続出。約1時間後、東端の石積の鼻灯台をかわして、風が後ろに回った頃から半数が復活。約9ノットで南下を始めた。1730に青ヶ島を通過。またとないセーリング日和なり。無理しても出航したことが大正解。これから2日間は携帯電話の圏外につき、ブログ更新不能。

鳥島揚陸作戦第1回成功 2010年6月20日

　当初の予定から1日遅れとなったが、1回目の上陸は無事に終了した。11日正午前に〈翔鴎〉は鳥島の旧気象観測所下の海面に到着した。小型船発着所のようなものが見えたが、ほとんど岩石で埋まっていた。4人乗りゴムボートで島とヨットの間を8往復して、人間9人と約1トンの機材と食料を揚陸した。揺れる船上で積み荷運び出し作業が大車輪で行われている間、私は操船に専念せざるを得なかった。というのは、錨泊できないのでヨットを所定位置にキープし続けなければならないからである。

上：鳥島のアホウドリを調査する人と物資を揚陸する〈翔鴎〉
左：鳥島にはヨットを着岸できる環境はなく、ゴムボートで何回も往復して揚陸した

　鳥島では、最近、漁船の座礁沈没事故が立て続けに3件起きたそうだ。

　荷揚げ作業はすばらしく効率的で、約1時間で終了した。作業の間隙を利用して上陸した北條さんは鳥島に足跡を残したうえに、〈翔鴎〉の記念すべき写真を撮ってくれた。

　早々に上陸第一班に別れを告げて、第二班が待つ八丈島へ針路を取った。3人だけの航海となるが、全員疲れきっているのでアイドル回転のゆるい機走で北に向かった。エンジン音が滑らかで、睡眠の妨げにならない。しかも、トリムの変化がないので舵軸からの浸水がないうえに速度は7ノット以上をコンスタントにキープしている。

　予定通り国鉄？のダイヤ並みに正午に神湊漁港に到着できそうだ。

第5章 | クルージング

緊急事態発生！ 2010年6月15日

　6月12日午後4時に第二班上陸部隊を乗せて八丈島を出航した。南西の強風のために波が高い。今回の乗船者はテレビ局撮影チームと学者先生の混成である。かなりの強風であるが、便乗者を気遣う余裕がない。鳥島近海は大シケ模様。ちょうど24時間をかけての到着となったが、上陸予定地点は大波が打ち込んで盛んにしぶきをあげている。

　島の風下側にも風と波が回り込んできていて、岩場には白い牙の羅列である。岩礁地帯の一角に平らな水面を見つけたので、意を決して侵入した。岸まで20m、ヨット2隻分のスペースしかないが可能性はある。直ちに上陸強行を宣言してゴムボートを降ろした。大河原実君に水路開拓のために先行してもらって、私はヨットの定点位置確保に専心した。上陸班は土砂降りの雨に濡れながら、今や遅しと上陸を待ちわびている。

　この時、いきなり重大なトラブルが発生した。なんと、エンジンがストップ、再始動不能。絶対絶命のピンチである。ここで今回の私の職分を想起した。ヨットを沈めないこと、上陸班を無事に揚陸すること。寸秒を争う事態なので、ヨット塾受講者のMさんに舵を渡して、漂流しながらヨットを沖へ出すように頼み、もう一人の受講者のIさんには懐中電灯を持って私についてくるようにお願いした。前日の出航の際に燃料満タンにしているが、ガス欠と当たりをつけてエア抜きを開始したら、大正解。修理作業が5分で完了、それほど流されていなかったので、再度、上陸を強行する旨を伝えたら大歓声があがった。

　4往復で揚陸作業完了。すでにあたりは夕闇がおりていて相変わらずのシケが続いていた。小さめのセールを揚げて、針路を父島にとった。神様に感謝。

父島到着 2010年6月16日

　13日の夜は大シケの中をヒーブツー（踟躇）状態で南下を続けた。速力は平均4ノット、14日朝までの航程はわずかであることが分かった。このままでは父島に着いても滞在する時間があまりないだろう。機帆走で先を急ぐことにした。
　行く手には畝状の雨雲が重なっていて、次々に雨と強風を送ってくる。夜になって濃い霧が発生した。おまけに寒い。結局、父島に着くまで霧は晴れなかった。GPSだけを頼りに二見港への入港針路をとっていた時、1マイル手前で霧が晴れて港口の烏帽子岩が左に見えた。夢の世界から一気に現実に戻った。夕暮れの二見港をしずしずと進んで、18時きっかりに青灯台前の岸壁に着岸した。
　父島の友人たちは〈翔鴎〉の寄港予定を知っていて、次々と訪ねてきた。話によると、小笠原には梅雨入り宣言、梅雨明け宣言というものはないらしい。本日が実質的な梅雨明けになるかもしれないという。

父島滞在 2010年6月20日

　15日夕方に父島到着。17日昼過ぎに出航を決めているので、終日滞在は16日のみとなった。幸いにして今回の航海ではヨットの壊れた箇所がないので大部分の時間を心身のケアに充てられるのはうれしい。15日は食事と酒盛りで終わったので、16日は朝からシャワー、洗濯に精を出した。
　8年ぶりの父島で感じたことがある。港湾施設等の公共施設はかなり充実されてきているのだが、他はほとんど変わっていない。私にとっては

第5章 | **クルージング**

いいことかもしれないが、果たして住民にとってはどうだろうか。人口の変動はないようだ。仕事自体が少ないので、島で生活できる人の数には限界がありそうだ。さらに、以前よりも規制が厳しくなっている。〈翔鴎〉がいつも係船定位置にしていた青灯台付近岸壁は係船禁止。クルーがヨットの近くを半裸で歩いていて、小学生の一団にとがめられるとか、その他にも禁止事項が増えたようだ。

小笠原・父島の二見港に係留中の〈翔鴎〉。後ろに見えるのは定期船〈おがさわら丸〉だ

　今、島を挙げて世界自然遺産の登録に向けてまっしぐらである。誰のための世界自然遺産登録なのだろうか？ 住民は物価、家賃、ガソリンなど生活費の高騰にあえいでいる。私の友人の老舗商店は破綻したという。ダイビングと観光だけでは島の経済は成り立たない。

　出航前に船の燃料を補給しようとして、一悶着が起きた。ガススタンドへ依頼したら、ヨットは基本的にはお断りだという。10年前から顔見知りの店主がにべもない。問題は、ヨットの給油口が小さいので燃料が吹きこぼれること。数滴でも海に流すと、その都度始末書を書かされるらしい。さらに、ドラム缶で運ぶので、残量が出ると給油量をめぐって争いが起きる。なにしろ軽油の値段が1リットル200円、ガソリンが243円である。

残量が出ないようドラム缶単位で買うこと、私の責任で海に油を流さないことで決着。しかし実際には簡単ではなかった。燃料ホースが太くて給油口のサイズ一杯になるので、タンク内の空気と燃料がぶつかって吹き出すことになった。そこで登場したのが長年出番がなかったファンネルカバーである。しっかり働いてくれて、1時間をかけて給油作業を終了した。

　滞在中に良いこともたくさんあった。古い友人たちに会えたこと、さらに私が教鞭をとっていた専門学校の卒業生である女性3人に会えたことである。みな水を得た魚のように活躍していた。

後半戦開始 2010年6月21日

　17日午後2時に父島を出航した。いよいよ後半戦開始である。まず向かうのは鳥島。学者先生たちと取材チーム7人の撤収である。父島出航直後からまたしても濃霧。これでは当分の間、梅雨明けは難しいだろう。航程は順調に伸びて、18日の午後に鳥島まで40マイルの地点に達した。帰宅を待ちわびている人たちのことを考えると、すぐにも迎えに行きたいところだが、日没後の接近は不可能と判断して、セールを小さくして翌日の日出後に鳥島に到着するよう調整した。

　午前4時に鳥島まで3マイルの地点に達した。上陸地点に針路を設定して慎重に接近した。0.2マイルまで接近したが、濃霧のために島影は全く見えない。GPSを信じてさらに接近をはかった。午前5時ちょうどに岩場を視認。

　無線連絡の結果、午前7時半から撤収を開始することにした。条件はこれまでのうち最悪である。暴風雨が岸に向かって吹いているうえに、視

界40m程度。断じて行う決意をもって作業を開始した。始めたら後戻りはできない。いくつかの危険な状況を経て4回に分け、島に上陸していた7名を回収した。午前9時過ぎに鳥島を出航、風は南西の強風、〈翔鴎〉は翼を得た鳥のように八丈島へ向かった。

鳥島揚陸作戦・最終回　2010年6月23日

　19日午前9時に鳥島を出航した〈翔鴎〉は20日の午前5時に八丈島に到着した。約20時間余で170マイル。そのまま燃料補給して折り返す予定であったが、八丈島は午前中から土砂降りの雨。給油ができない。待ちきれない思いを抱いて鳥島で待っている人たちには悪いが、出航を1日遅らせることにした。

　そうと決まれば話は早い。今日から合流のYさんを交えて、大河原君と私の3人がレンタカーを借りて島の温泉へ出かけた。1日を休養に当てるつもりで、ながーく湯船に浸かった。朝5時半から活動しているので、いろんなことをしても、まだ午前中。温泉の帰り道で、農家の庭先にある不思議な看板を見つけた。古民家喫茶とある。前に話を聞いていた。開店が不定期で、めったに開いていない。雨の中でひっそりと佇む素朴な古民家、長年に渡って人の手で大切に扱われてきた変遷が感じられる。贅沢な時間と空間が心地よい休息を与えくれた。

　明けて21日、朝から給油のタイミングを計っていた。昨日と同様に雨である。タンクローリーに来てもらったが、雨が激しくて、いったん持ち帰ってもらったりした後、ようやく必要量を積み込んだ。暴風雨の中、3隻の臨時入港艇に見送られて11時出航。途中の海も大シケが続いた。翌

日22日、正午に鳥島到着。すぐに撤収作業開始。風向は向岸で波が悪いが、できなくはない。13時に鳥島出航。これが最後の任務である。気が緩むのではないかと懸念したが、天候の助けもあって、23日朝9時に八丈島へ到着して私の任務は終了した。

　下田へ帰りつくまで緊張を解くことはできないが、今夜は久々の酒を大河原君といっしょに飲みたい。

無事帰還　2010年6月28日

　3週間ぶりに会社へ復帰したので、以前同様にデスクトップPCでのブログ更新が可能になった。携帯電話からの更新では電池容量を気にしたり、通話可能圏内でなければならなかった。いずれにしても航海中はゆっくりブログを書いている余裕はなかったが、私自身の備忘録にするためにもできるだけ書き続けようとした。

　6月23日の午前9時に八丈島へ入港した後、依頼主の都合で八丈に1泊して、翌24日の朝に八丈島を出航して下田へ向かった。驚くほど順調な航海を経て、同日23時に下田港に帰港した。

　記憶がおぼろにならないうちに、今回の反省点や気づいた点を書きとめておこうと思う。他のヨットマンの参考にしていただければ幸せである。

　今回の航海目的は鳥島のアホウドリの営巣地を復旧するための作業チームを揚陸・撤収を行うことにあった。そのための第1班9名がメーンで、その他付随するような形でテレビ局取材チームと学者先生の混成、計7名の第2班がいた。鳥島へは揚陸に2回、撤収に2回行ったが、島影を見たのは最初の1回のみ。残りの3回は上陸地点の岩場を見ただけで

第5章 | クルージング

あった。

　今年5月初めに山階鳥類研究所の担当者から鳥島行きの依頼を受けた時、決行の期間が6月中と聞いて、私の食指が動いた。6月の小笠原近海の海であるならば、私は良く知っているつもりであった。梅雨が明けていて、夏空が果てしなく広がる穏やかな海を想定した。〈翔鴎〉の定員が「近海区域」の12名であり、輸送人員を差し引いた残りが操船要員となり、その数が3名にしかならないことも気にかけなかった。後になって知ったことであるが、これまでは鳥島へ渡る際には八丈島の漁船をチャーターしていたが、最近、鳥島において座礁沈没したのだそうだ。

　今年の小笠原近海は、例年とは異なる様相を見せていた。頻繁に20m/sを超える風が吹き、バウがかすむほどの霧が立ち込めていた。南洋楽園クルーズのはずが、危険極まりない航海へと一変したのである。

　最大の問題点は上陸地点である。旧測候所があった直下の岩場に荷揚げ場のようなものを人工的に設置してある。波や風をさえぎるものはなく、付近の海底には崩落した岩石が堆積しているので水深も定かではない。風向の変化に応じて島の風陰になる場所を選びたいところだが、海岸線はほとんどが断崖であり、重い荷を担いで島を回り込むことは不可能である。したがって風向や波の打ち込みにかかわらず、上下船地点は一カ所に限定されるのである。

　担当者はA港、B港と呼んでいる岩場の凹部が2カ所存在する。A港は西に開いていて、B港は南西に開いている。第1回目の揚陸作戦の際は視界が良く、風向は南東であったのでB港を使用した。第2、3、4回はいずれも南西の強風だったので、主にA港を使用した。〈翔鴎〉が接岸できる可能性は全くないので、4人乗りのゴムボートを使用してピストン輸送を繰り返した。

問題解決のために二つの技術を即製で編み出し、適用した。

何も見えない中で、ピンポイントで上陸点の岩場に接近する方法
　GPSとコンパスをフル活用して、目標地点の沖側を約20m離すコースを設定して、見張りが見逃しても岩場に衝突しないようにした。円の接線になるコースである。見張りの集中力が途切れないように最接近の5分前から厳密な見張りを行った。〈翔鴎〉に搭載している全方位で自差のない操舵用コンパスが大いに役立った。レーダーも搭載していたが故障中であり、これらの状況では海面反射があって、厳密な測定はできないので、使用可能でも役立たなかったと思われる。

荒天の岩場の中でピンポイントに占位し続ける方法
　スターンを風位に向けて、後進と中立を繰り返して位置を保つのである。この方法はホームポートにおいて強風下のブイ係留する時に使用している技術の応用である。しかし、極めて悪い視界の中で、目標の岩場が特定できず、沖を走り回る結果となったこともあった。

　危ない場面はいろいろあったが、無事に帰還できて良かったとしみじみと思い起こされる。今回の航海はフネと乗員に対する徹底的な試練であった。大自然は私たちに次々と難題をぶつけてきたが、〈翔鴎〉は全機能をフルに発揮して応えてくれたし、乗員は大変な緊張感を持って艇の運用に精励した。孤立無援の中で所期の目的を果たし、スケジュール通りに完遂できたことは誇るに値することかもしれないが、事前の予測があまりに甘かったことが苦い思いとなって、心の隅っこにブラ下がっている。
　次回はもっと楽な航海をしたい。

| 第5章 | クルージング

八丈の港と海 2010年7月1日

　先月の一連の航海では、鳥島への発着港を八丈島の神湊漁港としていた。過去に3回、八丈島へ寄港したことがあるのだが、いずれの時も神湊であった。ヨットが立ち寄るための港としては島の南西側に所在する八重根漁港と北東側の神湊漁港が一般的に知られている。今回、空き時間を利用して、陸上から八重根漁港も観察してきた。いずれの港も良く整備されていて、高さ10mの防波堤が取り囲み、広さが十分な港内には各々100隻を超える漁船が係留されていた。

　私が最初に神湊港に寄港した昭和40年代には、小さな港内に漁船が30隻程度係留されているだけであった。今や要塞のようである。それほど八丈の海は厳しいものがあるのだろう。昨年の大シケで神湊漁港入り口の防波堤と灯台が破壊され、現在補強工事が行われている。

　入港手続きは比較的簡単。着岸を見計らって都の港湾局職員がやって来て、入港届の提出を求められ、漁業組合から係船場所の指定を受けるよう指示されるだけである。係留費用はかからない。他の伊豆諸島と比較してヨット・ボートの寄港が少ないのは、八丈島が「近海区域」に属するからだと思われる。航行区域が「沿海区域」の場合、臨時航行許可を取るか、「近海区域」に変更しなければならなかった。最近では八丈をターゲットにした「限定近海」と称する航

八丈島の神湊港にて、しばしの休息。伊豆諸島の島々は、まさに〈翔鴎〉のホームグラウンドであった

行区域が新設されたようだ。

　島の南東側にはいくつかの温泉のほかに、小さな漁港が２カ所存在する。洞輪沢漁港と藍ケ江漁港である。中之郷にある藍ケ江漁港を見た限りではヨットの泊地として有望だと思う。水深と広さが十分であり、私が立ち寄った際には船外機付き小型漁船が１隻係留されているだけであった。徒歩５分以内に無料温泉や300円温泉が数軒散在しているのも魅力である。洞輪沢漁港にも隣接して温泉があるようだ。

　神湊漁港と八重根港には漁船がびっしり係留されているのに対して、他の小さい漁港がガラスキだったのは気象に関連があったのかもしれない。私たちが八丈に滞在していた期間中、海は大シケが続いていた。安全な港へ避難していたのかもしれない。

　八丈島と青ヶ島を結ぶ海域は荒れることで知られている。それほどの風が吹かなくても巨大な三角波に似た大波が立ち騒ぐのである。今回の航海では合計６回もこの海域を通過したが、そのうちの２回は信じられないような高波の襲撃を受けた。今年２月に起きた金目漁船の転覆事故はこの海域で起きたのかもしれない。八丈の漁師は波が高い時は絶対にこの海域には近づかないそうだ。

ヨットマンである前に　2010年7月4日

　職場復帰後、ようやく１週間が経とうとしている。航海中の留守番役の瓜生かおりさんは見事にその役目を果たしてくれたが、私でなければ片付かないこともいくつかあったし、次の事業展開に備えての下準備があって多忙な毎日を送らせてもらった。私どもの会社はフネの知識や技術を地

第5章 クルージング

道に指導することがメーンになっているのだが、私の心の中ではいまだに鳥島航海の余韻を引きずっていていろいろな情景が思い出される。一刻も早く動から静へとモードを切り替えなければならない。

今日、鳥島に上陸したテレビ取材チームの一人から連絡があり、近いうちにテレビ放映されることを知らせていただいた。どのようなストーリーで脚色がされるのか楽しみでもある。人気番組のようなので、ヨットへの関心が高まることを期待したいところだ。人物や鳥島滞在中の出来事が放映の中心になると思われるので多くを望めないかもしれないが、撮影班が鳥島への上陸・撤収した時の映像が放映されるようであれば、見る人にかなりのインパクトを与えるだろう。特に撤収の朝、撮影班がキャンプ地から夜明けの海岸へ移動した時に、あまりの強風と高波が打ち寄せる景色を見て、当日の帰還はあきらめたそうである。ところが、暁闇を破って霧の中からヨットが姿を現した時、彼らは狂喜したようだ。艇上に収容された後、彼らは口々に奇跡だと言って喜んでいた。

鳥島航海はこれ以上望めないくらいパーフェクトに達成したが、私にもう一度同じ航海をやれと言われてもとても自信がない。人手も休息も足りない絶望的な状況の中で、無我夢中にあがいていたに過ぎないかもしれない。

今回の航海で、艇の運航要員のコアになったのは私と大河原実君であった。大河原君は私の会社では免許講習を専門に担当していて、ヨットのキャリアは少なくオーバーナイトの航海は初めての経験であった。これまでヨットの修練を積んでなかったことが彼の引け目であったかもしれないが、立派に役目を果たしてくれた。

海洋計画では今年から事前の講義なしで、いきなり航海に出るパターンの「実践ヨット塾」を従来型と併せて行っているのだが、クルーズ・アン

ド・ラーンは十分教育効果が期待できそうだ。その際に重要なのは当事者意識であろう。自分がヨットの運航に参加して重要なポジションをになっている意識が必要であり、便乗客のような気持ちでヨットに乗っていても教育効果は期待できない。

「実践ヨット塾」はいまだに試行錯誤を続けている。いかにして良きシーマンを作るか？ これまでの指導方針は概ね正しかったと実感している。ヨット塾では、セーリング技術は習得科目のうちの１科目に過ぎない。今回の航海を顧みても、セーリングの能力だけでは達成できなかった。ナビゲーション、操船術、エンジンメンテナンスの技術、気象判断、料理など、船乗りに要求されるあらゆる能力を総動員する必要があった。ヨットは奥が深くて、長く楽しめる遊びである。

　これほど楽しい遊びが日本ではなぜ普及しないのかと聞かれることがあるが、私の答えはいつも簡単だ。現在、ヨットをやっている人たちに問題があるから。例えば、サッカーの人気が出てきたのは現役の選手たちが懸命にプレーしているせいであり、逆に大相撲の力士たちが馬鹿な行為を繰り返していれば、やがて廃れてしまうだろう。

　私が奇妙に思っていることの一つに、ヨットの上でやたらと怒鳴り散らす人がいることである。レースでなくても、ヨットに乗ったとたんに人が変わったようにわめきたてる人をこれまで多く見てきた。大学のヨット部時代の習慣がそのまま残っているのか、それとも本人の気持ちの高ぶりが態度となって発露されるのかどうか分からない。他の人を発奮させたり勇気づけたりするのはいいが、怒鳴りつけていいことは何もないだろう。これに関連した多くの経験の中から一つの例を紹介したい。

　旧制度の一級免許の乗船実習の際に、私はいつもＢ先生と組んで講習していた。Ｂ先生が操船を教えて、私が船尾のデッキでナビゲーションを

| 第5章 | **クルージング**

教えていたのだが、時々、操舵室からB先生の怒号が聞こえることがあり、覗くとB先生は鬼のような形相をして床を踏み鳴らして怒っていて、そのそばでは動揺をかくせない受講者が途方にくれていた。私はB先生に提案して役割を交代することにした。B先生は普段はユーモアのセンスがあって、楽しい人の部類に属する。水産高校で受けた教育の習慣を引きずっていたものと今では思っている。

　現在では一般的ではないが、一昔前までヨットマンの評価は「潮ッ気」があるかないかであった。しからば「潮ッ気」とは何か？　男っぽさ、勇気、豪胆、大胆さ、等々。

「潮ッ気」とは他人に見せるためのものであり、外面に出てこそ価値があるものとされるようだ。しかし、「潮ッ気」のカタマリのような人に「エイヤッ」とばかりに数十万円の機器を操作されてはかなわない。現代のヨットを動かすためには「潮ッ気」ではなくて、冷静で緻密な頭脳と判断力が要求されるものと考えている。ましてやヨットの世界は男性一辺倒の社会から、女性も家族も参加できる社会にしなければならない。

　関西のヨット界の重鎮がおっしゃった言葉が思い出される。「ヨットマンである前に良きシーマン、船乗りたれ」。

　日本には船乗り像を表す格言が存在する。「スマートで、目先が利いて、几帳面、負けじ魂、これぞ船乗り」。

　負けじ魂とは外に向かってアピールするものではなくて、内に秘めて個人の内部で育てるものだ。しかも、表現する場は人に向かってではなく、相手にして不足はない自然に対してである。

航海は人生の作品 2010年7月20日

　連休を利用して、「実践ヨット塾」の乗船実習として短距離航海を行った。先週は梅雨末期の気象状況を示していたので、連休中に梅雨明けになるだろうと予想していた。7月16日に伊豆下田の海に出てみると、夏雲が水平線に広がって、すでに梅雨明けしたことを実感した。

　今回の目的地は5月に続いて、五ヶ所湾。下田～五ヶ所湾間は約130マイル、オーバーナイト往復各1回、本船航路に当たるために練習海面としては理想的である。今回、係留地として「鳥羽パールレース」のホストクラブである志摩ヨットハーバーを選んだ。パールレースは17日に五ヶ所湾スタートになっているので、スタートの前日に下田を出航すれば、レース艇と入れ違いに志摩ヨットハーバーに入港できると読んでいた。

　果たして、17日の午前10時過ぎに五ヶ所湾入り口に到着すると、パールレース参加艇が単縦陣となって、志摩ヨットハーバーから出航するのに出会った。50隻以上のヨットが粛々とスタート海面に向う姿は壮観である。レース艇とすれ違う時、知り合いのヨットから声がかかった。

　午前11時に志摩ヨットハーバー到着。事前に予約して、バースの指定を受けていたが、バースナンバーの表示が見当たらなかったので見当をつけて大型艇の空きバースに係留した。後に判明したところによれば、〈翔鴎〉が係留したバースはヴィーブルオーシャンクラブ（VOC）理事長のバースであり、当日はパールレースの見送りのために出艇されていた。千葉喜英理事長には大変な失礼をしたにもかかわらず、快く一夜の宿を私たちに提供してくださった。VOCでは、マリーナ間の親睦を深めるために外来艇歓迎のキャンペーンをされているようだ。

　梅雨明けしたので、レース艇にとっては暑さと微風との戦いになるだろう。

第5章 **クルージング**

　午後2時ごろ、スタート海面を見渡せる露天風呂の温泉に行き、海上を眺めたところ、レース参加の数艇は近くの海面を懸命にタッキングを繰り返しているのが見えた。

　18日の午前に志摩ヨットハーバーを出航して、下田へ向かった。下田ではこの3連休を利用して「国際カジキ釣り大会」が開催され、100隻を超えるパワーボートが日本中から集結しているはずだった。18日に表彰式とレセプションが開催され、19日に解散となるので、入れ替わりにホームポートへ帰還となるはずであった。朝6時に下田港に到着したところ、半数近くのボートが残留していて桟橋の空きがないので、2時間ほど海面で待機した。

　かくして真夏の航海が終了した。たった4日間の航海であっても、いろいろなことが起きるものだ。海洋文学者のジョセフ・コンラッドが言っているように、航海には人生の味がある。いろいろなことがあっても、やりくりして前進を続けなければならない。

　6月に鳥島・小笠原航海をして、久しぶりにズシーンとくる経験となり、余韻が長く心に残っていたが、新しい航海を重ねることによって、過去の航海が思い出の中に沈んでゆこうとしている。私にとっては航海の一つ一つが人生の作品であるけれども、形のあるものではない。思い出や経験となって、次の新たな航海のための蓄えとなるだろう。

暑さを楽しむ　2010年8月5日

　今朝はあまりの暑さに、眠りから覚めてしまった。今日、明日あたりが暑さのピークのようだ。今夏の暑さもこれから下り坂になると思うと、一抹の寂しさのようなものを感じる。猛暑に苦しんでいる人は、夏が過ぎてゆくのをひたすらに待っていらっしゃるかもしれない。

　ヨット乗りにとっては夏は風がなくて、暑いばかりで面白くないという方が多いが、私は夏のヨットをそれなりに楽しんでいる。

　清少納言風に言うならば、「夏は宵、夕闇に小舟を浮かべて沖に漕ぎ出せば、心地よき潮風、頬をなぶりたる、浜辺の街に花火の二つ三つ上がりたる、こうべをめぐらせば、そこはかとなく光る星、満天をおおいたること、いとおかし」てな具合になるかもしれない。

　冗談はこれくらいにして、夏ヨットの暑さ対策について述べてみたい。

　夏は夜間航海に最適である。真夏であっても、時には寒く感じることがあるほどである。日ごろから夜間航海の経験が少ない人にとっては、練習の機会と捉えることによって、暑い夏も有意義なものとなるだろう。

　大昔に世界一周航海に出発した時、11月に横浜を出帆して赤道に向けて一路南下をはかっていた時の話。来る日も来る日も北よりの強風が吹き続けて航程は延びているものの、生活環境は極めて悪かった。気温は高くて、大波が絶え間なく打ち込んでくるので、デッキでもキャビン内でも蒸し暑さに閉口していた。ワッチオフはキャビン内で寝っころがって過ごしたが、温度が40度になっていた。私は意を決して、日中はデッキで水着一枚、首にタオルを巻いて過ごすことにした。夕方には全身塩のカタマリと化してしまったが、それでも意気軒昂であり、塩を手ではたいて落とした後、バケツ一杯の海水を頭からかぶって就寝した。一方、ワッチオフ

にキャビンで過ごしていた仲間は茹で上がったタコのようになっていた。

　暑さに苦しんでいると気持ちまで萎えてしまうので、逆転の発想のように真っ向から暑さと取り組む気持ちで接する方法も良い。

　2002年に小笠原からの復路。弱い南の風を受けて機走していると、デッキ上はほとんど無風状態となった。太陽の直射が強いので、パラソル代わりにこうもり傘を広げたが、全員が見習うには足りなくて、ブームにオーニングを広げた。広い快適空間の創出となった。

　この航海でも、私は他のメンバーに海水をかぶることを勧めたのだが、腰を上げる人がいなかった。率先して私が範を示して、心地良げな私を見た後、ほぼ全員がこれに倣った。まさに、論より証拠であった。

　寝苦しさを解決する方法として、私は一番に勧めたいのは床にゴザを敷いて休む方法である。クッションのように体が沈みこむものは空気の流れを妨げるので放熱しない。その他、デッキに水をまく方法、キャビンに風を入れるウインドスルーをハッチに取り付ける方法があるが、目覚しい効果とまではいかなかった。

　私が最近、最も注目しているのはラッシュガードである。私はこれまでセールバッグの底にラッシュガードを忍ばせていたのだが、ウエットスーツ代わりに使うつもりであった。いわば保温対策である。

　ところが、真夏の暑いさなかにラッシュガードを着ると、汗をかいてもベトつかず、爽やかな気分でいられることが分かった。7月に五ヶ所湾へ出かけた時、乗員の一人Kさんは、はるばる五ヶ所湾へ陸路を電車とバスを乗り継いで合流した。長袖ラッシュガードを素肌に着て、その上に軽いジャケットを羽織ったイデタチながら、暑さが全くこたえていない様子であった。これも逆転の発想に近いかもしれない。

　熱中症対策に水分補給をやたらと喧伝しているが、ヨットの上では私

はほとんど水分を取らない。飲めば飲むほど血液中の塩分濃度を維持するために水分を排出するので大汗をかくし、それに伴って塩分も排出されるので不具合が発生すると考えている。

　首の後ろの延髄を直射日光から守り、適度の水分と海水をかぶって涼を取ることが私の夏の過ごし方である。

ヨットは安全　2011年2月4日

　数日前に、八丈島から1本の電話があった。昨年の6月、ヨットを使って鳥島まで送り迎えしたアホウドリ保護プロジェクトの一員である茅島春彦さんからのものであった。現在、八丈島に滞在していて、鳥島へ渡るための船の便を待っている。すでに1週間ほど足止めを食っている様子だった。八丈島〜鳥島間は約180マイル、小型の漁船では15時間ほどかかるようだ。2日間に渡って、海が凪ぐ確信がなければ出港しないだろう。

　先週は冬型の気圧配置が続いて、等圧線は縦じまであった。西よりの風が吹くと、八丈島付近の海域は大荒れになる。特に八丈島〜青ヶ島間は最悪の海になる。昨年、経験したが、風が吹いていなくても波高が5、6m、不規則な三角波が荒れ狂っていた。漁船であれば、舵を切り間違えただけで一発で転覆するだろう。八丈島の漁船はこの海域を航行する際には、遠く迂回するようだ。

　アホウドリ保護プロジェクトは年間を通して定期的に鳥島に渡って保護活動を続けている。冬場は産卵と子育ての時期にあたるので、特に重要な時期と言える。

　さて、電話の趣旨だが、次回の鳥島渡航の際にヨットを提供して欲しい

第5章 | クルージング

ということだったが、言外に今回の渡航に関しても瀬踏みしているような印象を受けた。

実は昨年の秋に、今回1月末の鳥島渡航についての打診を受けていた。私が返答を渋っている間に、向こうが取り下げてしまったのだ。〈翔鷗〉では、吹きさらしのデッキで寒さに耐えながら操船しなければならないので、冬場に依頼するのには遠慮があったようだ。

昨年に初めてヨットを利用しての鳥島渡航となったのだが、それ以前に使用していた漁船は、保護プロジェクトメンバーを鳥島へ運ぶ際に座礁して沈没してしまった。しかも、その漁船は操縦室が狭いので、冬場はメンバーの何人かは水を抜いた生け簀の中に閉じ込められるそうだ。

昨年、〈翔鷗〉を利用したメンバーからは、時間は余計にかかったがすばらしく快適で安心感があったことを伝えていただいた。過去の例では冬場の渡航の際に、帰りの船が予定から21日間も遅れたために食料が底を尽き、相当にひもじい思いをされたようだ。江戸時代には鳥島へ漂着した船乗りがアホウドリを食べて飢えを凌いだという記録が残されているが、保護プロジェクトがアホウドリを食べるわけにはいかないだろう。

緊急の要請があれば、いつでも出動できる態勢を整えておいた方がいいかもしれない。〈翔鷗〉であれば、八丈島～青ヶ島間の海域でも自動操舵装置にまかせて楽勝で乗り切ることができる。25年前にグアムレースの後の回航をやった時、グアムを1月21日に出港して、2月1日に下田へ到着した。オール帆走で1,400マイルを走破した時、夜中に八丈島を通過して夜明けの三宅島沖では雪が降っていた。

八丈島からの第一報 2011年5月5日

　メイストームで知られている大シケが、ゴールデンウイーク中にやって来ることが多い。大雨と暴風雨を避けて、2日に下田を出航したが、夜から大シケ。6人の乗員のうち3人がマグロになってしまった。いろんなトラブルが発生して、下田から八丈島までの17時間、一睡もできなかった。到着の日は食事、温泉の後、爆睡してしまった。

　現在、八丈島神湊港に停泊中。入港と同時に都の港湾係官が来訪。神湊は漁船の避難港になっているので、緊急の際、レジャーの船は外側の係船場所に停泊するよう指示があった。ところが、私たちは環境省ご用達の公務に従事していることが分かったので、最大限の便宜を受けることができるようになった。堂々と内港の真ん中に停泊して全く問題がない。

　到着2日目は不具合箇所の修理に励んだ。デッキの排水、自動操舵の修理が完了。

　今回のメンバーのうち、八丈渡航組は全員お帰りになったので、ヨットには私と茅島春彦さんが残留することになった。鳥島渡航予定の研究者のグループが到着したが、間を置かずにウミツバメ調査のために近くにある岩礁に渡って行かれた。徹夜の調査になるようだ。これから鳥島渡航までの数日間は平穏な日々になりそうだ。テレビを見る機会がないので、原発も被災地も遠く離れてしまった気分になる。

鳥島揚陸作戦成功 <small>2011年5月12日</small>

　5月8日から今回の航海の第二段階が始まった。鳥島へ人員と物質を揚陸するために鳥島〜八丈島間を往復する航海である。幸いに気象予報では鳥島到着時の海象は吉とあったが、不安材料がいくつかあった。台風1号の存在、自動操舵装置の不具合、復路に風速30m/sほどのシケが予想されること。最大の心配は私と大河原君だけで艇を運航しなければならないことだった。片道20時間、往復2日間の徹夜を覚悟した。結果的には良いことも悪いことも台風以外は全てが的中した。

　9日朝7時の到着時はベタ凪ぎ状態。ヨットは沖で漂泊して、4人乗りゴムボートによる10往復で、午前9時に揚陸が完了した。息つく間もなく、復路の航海に着手した。

　夕方6時にスミス島を視認。5マイルからの遠望であったが、私には数十年ぶりであった。過去に何度となくそばを通っているのだが、毎回、夜間の通過だったので見ることはできなかった。久しぶりに見る島の姿は30年前とはかなり変わっていた。鋭角的な荒々しさが抜けて丸くなっていた。

　10日午前1時に青ヶ島を通過する頃から風波が強くなって、シケ模様となった。前日からシケを予想して思いっきりセールを小さくしていたので、新たな方策を講じる必要はなかった。八丈島東端の石積の鼻をかわしてタックをしようとした時、さらなるリーフが必要となった。風速は25m/sを軽くオーバーしている。私はヘルムを担当して、大河原君の活躍によって無事に全てのセールをしまうことができた。強風の中で、大河原君が面白いパフォーマンスを見せてくれた。体を直立した状態で風に向けて体を傾けていくと、約40度で倒れることなく維持できるのである。まだ

まだ余裕の一発芸であった。3日間の航海を終えて、〈翔鷗〉は10日午前7時に神湊港に入港した。

台風避難 2011年5月12日

　10日朝に神湊港に入港した時、よそからの漁船が増えていた。〈翔鷗〉はかろうじて内港に係船場所を確保したが、入港が数時間遅れていたら、外港のうねりが打ち込む岸壁に係船せざるを得なかっただろう。10日の午後から台風避難の漁船がさらに増えて、昨日には港内が満杯になった。

　3隻の漁船が横抱きしているほどである。〈翔鷗〉は東京都の調査船の隣の特等席に収まっている。漁港では漁船優先なので、避難漁船が多い時はレジャー船は外港へ行かされる。私の知り合いのヨットが過去に何隻も神湊で、厳しい目に遭っている。係船ロープがバチバチ切れて、船内のロープを総動員しても足りなくなった話や、フェンダーのサイズが小さかったためにハルを傷つけてしまったことを聞いている。〈翔鷗〉には環境省御用船の錦の御旗が掲げられているのが効果を発揮している。

　今日には台風が熱帯低気圧に変わり、夜には寒冷前線が通過する。明日も等圧線が混んでいるので、漁船群の出航は明後日以降になるだろう。港内の漁船員たちは手持ち無沙汰の様子で、頻繁に〈翔鷗〉を冷やかしにやってくる。下田のキンメ漁船が意外に多い。下田のキンメ漁船が八丈島沖で転覆して、3人が船底から救助されたニュースは記憶に新しい。彼らには魚を獲らなければならない仕事があるので、シケの海でも出航せざるを得ないのだろう。

　私たちはつかの間の休日を利用して、艇の整備に励んでいる。自動操

| 第5章 | クルージング

舵装置の修理、舵軸からの浸水遮断、コンパスライトの改善。2回目の鳥島渡航に向けての目算は成った。今度も天気は味方になってくれそうだ。

八丈島滞在 2011年5月14日

　今日で5日間、連続して八丈島に滞在している。明日の出航に向けての準備は全て終わっているので、久々の好天気を利用して骨休みをすることにした。

　レンタカーを借りて、最初に訪れたのが漁港から8kmほど離れた町営温泉。青空の下で露天風呂に入るのは格別である。心地よい風が吹いて南国情緒溢れる景色が視界に広がっている。

　ランチの後、昨年訪れた古民家喫茶を再訪した。前回は梅雨の真っ最中で沛然たる雨の中であったが、今回は草いきれの中、薫風が家の中を吹き通っていた。一刻一秒が宝石のように貴重だ。明日からの怒涛のような日々があるから、今が貴重なのかもしれない。

　リタイアしたらこのような環境で余生を送ることを考える人が多いようだ。

　先日、ヨットの近くで老カップルが釣りをしているのを目にしたので声をかけたら、埼玉から数年前に移り住んだばかりとのこと。毎日することがなく退屈の様子であった。住めば都とはいえ、土地に根を張った生き方をしていないと、自分の居場所さえ見いだすことができないでいる人がでてくるかもしれない。私にとって八丈島はたまに訪れたくなる島ではあるが、住む場所にはならないだろう。

鳥島撤収作戦 2011年5月16日

　5月16日に八丈島を出航した。全ての不具合箇所を修理して、満を持していた。今回の不安材料は唯一つ、鳥島付近に停滞するだろう前線の存在であった。一日早く出航できれば鳥島付近は高気圧の中心に覆われるので、往復の航海と島での作戦が支障なく実行可能と思われたが、全ては上陸中の作業班の都合が優先するのだ。

　10時過ぎに出航して、鳥島へのコースを辿った。海上は無風に近い状態だったので、セールなしの機走。今回の航海には頼もしい助っ人の北條裕明さんが乗船している。北條さんは2000年の北硫黄島への航海、昨年の鳥島航海に参加した経験をお持ちである。

　〈翔鷗〉は不具合を全て解決して、万全である。力強く航程を伸ばしている。不具合箇所を全て解決すればこれほど信頼性の高いヨットは他にないだろう。ヨットは長距離航海に真価を発揮するのが本物である。

　青ヶ島の南に明神礁（みょうじんしょう）という浅瀬がある。1960年代に火山爆発があって、操業中の漁船〈明神丸〉が消息を絶ったことからこの名がつけられている。現在でも、火山噴火の兆候がある時は近づかないよう警告されている。いつもは数マイル離して通過するのだが、現在位置から鳥島に向かうコースが明神礁上に重なってしまった。他の乗員には知らせることなく、ドキドキしながら真上を通過して、通過後に乗員に知らせた。乗員の一人大河原君へのささやかな誕生日プレゼントとさせてもらった。

　明神礁を過ぎた夕方から雨が降り出した。十四夜の月を見ながらの航海はおじゃんになり、寒さが加わってきた。さらに風と波が悪くなった。いよいよ前線帯に突入である。通常はこの時期、小笠原諸島付近にいる梅雨前線が北上中なのだろうか。

第5章 クルージング

トラブル発生 2011年5月19日

　明けて17日早朝、雨に煙る鳥島が見えだした。上陸最終準備のため燃料チェックをして愕然、メーンタンクが空になっているではないか。出航時に満タンにしたばかりなので、わずか1日足らずでなくなるとは思えない。続いてビルジをチェックすると、油が浮いていて燃料臭が強い。タンクが油漏れを起こしたようだ。サブタンクには燃料残量があるが、メーンタンクを経由してエンジンへ送られるので、結局これも漏れてしまう。しかも、サブタンクの残量では復路の必要量には足りない。

　優先順位は、鳥島上陸班の収容、燃料漏れ修理の順番になる。島の上陸地点は風の陰になるので、周囲の暴風雨にかかわらず風波をしのいで乗船作業はスムーズに終了した。そして燃料漏れの修理も見当をつけて、どうにか済ませた。

　さて、復航である。風向は真上り、そして暴風。小さいセールを揚げて、クローズホールドで北上を開始した。次なる優先事項は、24時間以内に八丈島へ到着することであった。5時間ほど北西に向けて走ったが、全航程の1割程度の距離しか稼ぐことができなかった。これでは翌日の到着は絶望的である。幸い、メーンタンクの漏れはなさそうだ。多分、発電機を回した時に燃料漏れを起こしたと思われる。高気圧が西から接近しているので、少しでも北上して西風をつかむしか方法はない。

　スミス島を過ぎた頃から風が止み、海が凪いできた。前線帯を抜けたようだ。あるだけの燃料を使って、一路八丈島を目指した。ところが、八丈島を目前にしてヨットのスピードが劇的に落ちてしまった。反流の海流に捕まってしまったようだ。石積ヶ鼻灯台が近づかない。八丈島の周辺には潮目のような海域がいくつもある。数mの三角波が立ち騒ぎ、潮が川

のように流れて、船は走らなくなる現象が起こる。私たちの場合は8ノットの対水スピードが対地で2ノットほどになった。北條さんの意見では、水深200mの等深線に沿って発生するという。

私はドキドキしていた。燃料切れになる前に、一刻も早く入港したい。怖くて、とても燃料残量計を見る気にはなれない。午前11時に八丈島・神湊港へ入港した時、燃料ゲージはほぼゼロを指していた。

本物への道 2011年5月23日

〈翔鴎〉は5月20日朝、航海を終えて下田港へ帰港した。今回の航海では下田〜八丈島間100マイル、八丈島〜鳥島間往復320マイル×2、八丈島〜下田間100マイルの合計840マイルを走航した。

途中、日程調整のために約10日間ほど八丈島神湊漁港に滞在したが、出会ったヨットは千葉港のヨット〈いちばん〉の1艇だけであった。昨年はヨット3艇、パワーボート1艇に出会っている。長距離航海のレジャーボートが少ないのは大震災や津波の影響だろうか。

ここで〈いちばん〉を紹介したい。オーナーのTさんは私の間接的な知り合いということもあって、丸2日間に渡って、楽しくお付き合いすることができた。30ft、乗員は2名。父島からの復航の途中、台風避難のために八丈島へ緊急入港したものだった。

Tさんは父島往復の間にスクリューに絡んだ異物を取り除くために、合計6回も潜水したそうである。うち2回は夜間に、うち1回はロープを巻き込んでいたという。私にとって海底が見えない深海で潜るのは恐怖であり、ましてや夜間の潜水は問題外である。今年は流れ藻や漂流物が例年より多いのかもしれない。

第5章 クルージング

　私の友人の一人が来月に小笠原航海を計画中であるのだが、早速、この話を伝えた。幸いにも彼は、このくらいのことで航海を断念するほどヤワではなかった。航海に出ればいろいろなリスクが存在する。スクリューへの異物巻き込みは想定されるリスクの一つに過ぎないといえる。このようなリスクを避ける最も良い方法は航海に出ないことである。

　では、なぜ人はリスクを冒して航海に出るのだろうか？

　このテーマは今回の20日間に及んだ航海中、私の頭から離れなかった問題でもある。それほど多くのトラブルが発生したことが誘因になっているのかもしれない。特に今回の航海では厄介な問題を抱えていた。全くヨットに縁のない人たちと物資を輸送する任務を帯びていたこと。天候に関係なく、時間がたてば当然に目的地に着くものと決めてかかっている人たちを乗せていたことである。幸いにも全てのレグにおいて予定の時間をほぼ守ることができたが、私には奇跡としか言いようがない。

　毎回、港を出た瞬間からサバイバルのための戦いが始まるのである。楽になるためには、そして生き延びるためには目的地へたどり着く外はない状況にあった。乗員のみならず、艇にも相当な無理を強いる結果になったためにさまざまなトラブルが発生した。

　乗員とヨットの耐久テストのような中にあって、以前よりも弱点を把握できるようになったし、そのうちのいくつかについては恒久的な対策を講じることができた。長距離航海は、人とヨットが本物になるための修練の場と言えるかもしれない。

ヨットの船長とは 2011年5月24日

　昨日は長期航海から帰ってから、最初の出社日であった。私が留守の間、女性社員の瓜生かおりさんが一人で会社業務を切り盛りしてくれたので、滞っている作業は皆無であった。

　夕方に緒方三郎さんが訪問され、小笠原海域についてのホット情報を提供する運びとなった。緒方さんは来月10日に出航して小笠原諸島へのクルージングを計画されている。事務所で緒方さんご持参のビールをいただきながら、以下の事項についてアドバイスさせてもらった。

　①海流の所在、往路と復路のコースの取り方。
　②梅雨前線の所在（予測）と雨対策（衣類の問題）。
　③操舵コンパスの自差修正。緒方さんのコンパスの自差修正装置に不具合があるために、自差表の簡単な作り方をお伝えした。
　④強風下でメーンセールとジブをショートハンドで縮帆する方法。

　小笠原航海についての情報伝達は短時間で終了して、いつものヨット談義となった。緒方さんは10年前に「実践ヨット塾」を修了され、その後の研鑽を積んで、今や私の方が教わることが多くなっている。緒方さんのヨットは進水から10年近くが経ち、〈翔鴎〉と同様に各所にトラブルが発生しているようだ。メンテのいたちごっこにもかかわらず、ほぼ完璧に整備が行き届いている。

　ヨット談義を通して、前の航海中に私の頭に去来したもう一つの懸案事項が浮かんできた。すなわち"ヨットの船長とは何か"と、いうこと。

　いかに立派なヨットであっても、長距離航海に参加して命を託すためには船長の質の良し悪しが問われる。現在の小型船舶関連の法律では、船

長がクルーに対して命令できる法的な裏づけはないのだ。平成15年以前は小型船舶においても船員法が適用されていて、小型船舶船長の指揮命令権が確保されていた。船長の技量や知識がいかに優れていても、それだけでは充分ではない。船長の全人格をもってして信頼関係を築き、乗員が自ら船長の命令、指示に従うようにならなければならない。言うなれば、乗員の全てが船長と認めることによって、船長たりえるのである。

　緒方さんの話を聞きながら、緒方さんが並々ならぬ情熱をヨットに傾けていらっしゃることが分かった。定年退職後、余暇のほとんどをヨットの整備やヨット関連の勉強に費やされている。また、ヨット上で緒方さんが最もよく動いていらっしゃるようだ。乗員に先んじてあらゆる心配をし、時には航海中クルーのためにご飯を炊き、おむすびを用意することもあるそうだ。さらに、クルーが危険を伴う作業をする際には力のかかるロープを指示したり、細かな手順を指示したり……。

　旧日本海軍では、一人前の士官を育てるためには10年の歳月を要するとされていた。余暇にヨットをやる程度では一人前になるためには気の遠くなる時間が必要かもしれない。ヨット上達の秘訣は何にでも挑戦して、手カズを多くすることだと思っている。失敗することも勉強である。

　ヨットに対する100％の献身、これがヨット船長への道だといえる。もしも私に権限があるならば、緒方さんへ「ヨット船長認定」の太鼓判を進呈したい。

　楽しい航海を！

緒方船長、出航！ 2011年6月10日

　早朝に衛星電話からの着信があった。心当たりがない送信番号であったが、多分緒方船長からのものであることが想像できた。10時前に再度の呼び出しがあり、ようやく通話ができた。

　緒方船長は本日の出航予定であったが、1日繰り上げて昨日のうちに出航されたようだ。先日までは、父島までの航海の途中どこかで梅雨前線を突破しなければならないことを覚悟されていたが、たまたま本日の気象予想では梅雨前線が途切れるとあったので、今日のうちに八丈島の南に出て梅雨前線が停滞する海域を突破する腹積もりらしい。

　ところが、伊豆諸島海域を南下する際に風がなく、予定以上に燃料を消費したので八丈島へ緊急入港して給油することにしたという。電話の趣旨は神湊漁港の停泊場所とガススタンドの情報の所望であった。現在地は八丈島の北約20マイルの地点。

　先日お会いした時には、八丈島付近は海流が強いので、かなりの距離を離して通過することを勧めたため、港の情報をお持ちではないのである。父島までの燃料には余裕があるとのことだが、父島で燃料補給すると1リットル当たり200円もするので、父島での補給はなるべく少量にしたいとのこと。午後2時過ぎに神湊漁港に到着。かなり反流に苦しめられたようだ。

　先月の私たちの航海で懇意になった八丈島のガススタンドを紹介し、予備のポリタン5個を新規に購入して、燃料満タン状態で再出航された。

　明日、11日は日本南岸の等圧線が込み合って、大シケが予想される。北緯30度付近まで南下を急いだ方がいい。せっかくの八丈島寄港だったので、島内の温泉を勧めたかったが、復航の楽しみに取っておくことにした。

　明日の夕方に鳥島付近、父島到着は6月13日の午後になるだろう。

父島120マイル 2011年6月12日

　早朝に天気図をチェックした。梅雨前線が南下して、それに伴って強風域も南に下がりつつある。すぐに緒方さんのケータイにメールを送ったが、実際に緒方さんがメールを見るのは父島到着の後になるので、私の気休めにしかならない。メール送信後に、時をおかず緒方さんから衛星電話が入った。

　午前7時に父島まで120マイルの地点にいるという。八丈島からおよそ40時間で280マイルの快走である。現在の風向はS、風速12m/s。小笠原高気圧の縦の等圧線に入ったようだ。

　緒方さんからの電話で、八丈島寄港の際、私のサポートに対して感謝されていたが、お礼を言うのは私の方だ。ヒトサマの航海をあたかも自分自身の航海のように楽しませてもらっている。

　緒方さんの同行者にはヨット設計家の林賢之輔さんと阿部徹一郎さんがいらっしゃる。いずれも私の古くからの友人である。気心が知れているので、きっと楽しい航海を続けていらっしゃるだろう。

　父島到着は13日の午前1時と予想されているが、今後、風向は変わって父島方向からの風になるので、航程は延びて13日の早朝に到着することになるだろう。

　父島二見港、夜間の入港方法についての注意事項を所望であったので、指向灯の存在と係船浮標の存在についての情報を提供した。

　明日の朝にはケータイが通じるので、楽しい話が聞けそうだ。

父島到着 2011年6月13日

　今朝は早朝から父島との間で、通信が賑やかに飛び交った。午前6時に第一信があった。今回、初登場の渡辺溶さんからのものである。渡辺さんは林賢之輔さんの従兄弟に当たり、父島在住の方である。私とは昭和50年以来、お付き合いをいただいている。父島に寄港するヨットのほとんどが渡辺さんに何らかの形でお世話になっているだろう。

　今回、渡辺さんには間違った情報が伝わっていたようだ。〈翔鴎〉が13日の未明に父島に到着するとなっていて、港に来たが〈翔鴎〉はいないということであった。当然、私が乗っているとお考えになっていた。情報を正したうえで、私が推測した緒方さんたちの到着予定時刻をお伝えした。早くて午前7時。10時までには到着するだろうと。

　父島にはオケラネットの山田和子さんがいらっしゃって、小笠原に向うヨットの情報はほとんど把握している。海外へ向うヨットの情報も全て集まるのだから大変なものだ。

　7時過ぎに再度、渡辺さんから着信。三日月山のウェザーステーションに登って、ヨットを確認したとのこと。父島の西1マイルを港に向かって走航中。本日、父島は快晴。風が強いようで、風がうなっているのが聞こえた。

　8時過ぎに林さんからの電話が入って、着岸、係留完了が伝えられた。さらに緒方さんからの電話が入って、八丈島、父島間の航海の詳細を聞くことができた。風には恵まれたようだが、昨年の私たちと同様に霧に苦しめられたそうだ。緒方さんにとっては、今回の航海はノンストップ、200マイル以上の初の体験となる。今後、ますます自信を深めることになるだろう。

帰りの航海についても話し合ったが、当分梅雨前線が南岸に停滞するので、父島出航の日は未定とのことであった。6月の父島は最高のシーズンだと思うので、父島滞在を存分に楽しんで欲しい。

押しかけサポーター 2011年6月14日

　緒方船長のヨットが父島へ到着したことによって、私のサポーターとしての役割は一旦終了となった。それに伴って、私のささやかな楽しみも小休止となる。
　梅雨前線が当分の間、日本の南岸に停滞するので、緒方船長は復路のタイミングについて苦慮されているかもしれない。同乗者の中には現役の会社員もいらっしゃるので、無制限に出航を延期するわけにはいかないだろう。私としては求められれば情報は喜んで提供するが、当事者の判断にまで立ち入ることは許されない。それが、押しかけサポーターの限界である。
　これまで緒方船長の判断は正しいものであった。最初の出航日を予定より1日繰り上げたこと、八丈島への緊急入港の判断、いずれも完璧であった。船長が自分で判断して、その結果について全責任を負わなければならない。このことが船長の醍醐味でもある。
　押しかけサポーターには一切の責任がないが、緒方船長の航海を通して私は充実した時間を過ごすことができた。将来、体が動かなくなってヨットをリタイアすることがあれば、私は老後の楽しみのために押しかけサポーターをやるかもしれない。そのためには充分な情報をストックしておく必要がある。

押しかけではないが、業務としてサポートを実施している機関がある。海上交通センター（Marine Traffic Information Service）頭文字をとって、マーチスと呼ばれている。国際VHF無線の16chを聞いていると、頻繁に「東京マーチス！東京マーチス！」の呼び出しがあったり、応答がある。海上交通の管制を行うマーチスは全国に7カ所設置されている。

　先日、マーチスにお勤めの係官から話を聞く機会があった。彼によれば、航行船舶に指示を送る場合は「……しなさい」の命令文形式は使用しないし、「オーダー（命令する）」、「アドバイスする」の言葉も使わないそうだ。「インフォーム（お知らせする）」とか「リコメンド（お勧めする）」といった束縛の少ない言葉を使うように心がけているということだ。伝達の内容によって、トラブルが発生した際に責任を負わないようにしているだけでなく、当事者の船長が常に自らの判断ができるようにしているのかもしれない。

　同様に、水先案内人もアドバイザーと呼ばれ、指示した内容の結果について責任はないとされている。

小笠原・世界自然遺産登録 2011年6月23日

　小笠原が、ユネスコの世界遺産委員会で世界自然遺産として登録されることが確実となった。小笠原は私にとっては特別な思いのある島々なので、世界遺産登録は素直にうれしい。世界遺産登録によって、より多くの人たちに小笠原の自然に触れる機会が増えることを期待したい。

　私にとっての小笠原は返還以来、過去40年以上にわたって最も頻繁に訪れた場所でもある。折々の変化もずーっと見守ってきた。返還直後に訪れた時はひなびた漁村の風景であったが、現在は立派な施設が整

第5章 クルージング

備されていて、町並みも瀟洒な建物が目立つようになった。これからどんな変化が訪れるだろうか。

　自然と人間の共存がテーマになるだろう。開発の問題も出てくるかもしれない。小笠原の自然が守られることはもちろん、住民の方や旅行者も幸せを感じる場であって欲しい。過去20年間、父島の人口はほとんど変化していないらしい。飲料水が不足することや収入のある仕事にも限りがあるからのようだ。

　今回の登録によって、空港新設問題の行方はどうなるのか分からないが、フネでしか行けない島という特色も残して欲しい。世界自然遺産の真の意味は、過去から受け継いできたものを現代の私たちがありがたく利用することではなくて、貴重な自然を私たちの子孫のために残すことだと思っている。

小笠原諸島・父島の二見港を望む。貴重な自然を生かした、これからの島の在り方が模索される

黒瀬川 2012年7月19日

　海の日の連休を利用して、八丈島往復航海へ出かけた。

　2010年から関与している鳥島渡海の基地として利用しているので、八丈島への航海は私にとっては通いなれた道でもある。いつもは時間の制約があるので、ほとんど機帆走であるが、今回は「実践ヨット塾」の乗船実習という性格を帯びているので、原則、セーリングのみで往復することにした。〈翔鴎〉は160馬力のエンジンを搭載しているので、機走巡航速力が8.5ノットである。海の状態が良い時に下田〜八丈島を13時間で走破したこともある。

　今年4月末に下田から父島を直接狙った時、風が弱かったせいもあるが、強い潮に阻まれて出航後30時間たっても八丈島の手前でタッキングを繰り返していた。ヘディングコースは八丈島であったにもかかわらず、瞬く間に八丈島の東へ持っていかれてしまった。今年は例年よりも黒潮が速くなっているようだ。

　さて、今回の八丈島航海。下田出航時の風予想では最初が南の風、後に南西に変わって安定するとあったので、出航後は西寄りのコースを取ることにしていた。しかし出航時には風は南西8m/sとなっていたので、八丈島直航針路を取ることになってしまった。

　黒潮による最初の洗礼は三宅島付近で受けた。三宅島西岸と大野原島（通称：三本岳）の間に差し掛かった時、船足は極端に落ちてしまった。ワッチオフのクルーが当直のためにデッキに出てきた時、オフになった3時間前の景色と変わっていないことに驚いていた。

　御蔵島の南で、さらに強烈な潮に遭遇した。ヘディングがサウスなのに実航磁針路がイースト近くなるのである。磁針路180度、対水速力6ノッ

ト、実航磁針路100度、実航速力5ノットを使ってベクトル解析してみたら、真方位038度、7ノットの潮が流れていることが分かった。艇速がなくなれば、あっという間に戻されてしまう潮だ。

　海保の海洋速報を見ると、黒潮の中心は御蔵島と八丈島の間を流れていて、沿岸部では強い流れがあると警告している。私たちが御蔵島を過ぎたあたりで、黒潮の激流にぶつかった。風には関係なく大きな波立ちが起こり、ヨットは翻弄された。潮目のようなものと思われるが、これまでに何度も八丈島と青ヶ島の間で遭遇したことがある。

　黒潮の流心は水深の深いところ1,500m前後を流れ、外縁の潮が水深200〜300mほどのところで激流になるものと思われる。黒潮をほぼ直角に横断すると、激流、静かな海面、激流の場面が交互に登場する。

　幸い南西の風が安定していたので、私たちは最後までセーリングにこだわって八丈島への接近を図ったが、八丈島を目前にしながら大きく東方向に運ばれて八丈島が風位方向になってしまった。ついにセーリングをあきらめて、最後の15マイルは機帆走になってしまった。下田〜八丈島間の所要時間は27時間であった。復航は22時間。

　近いうちに再度の八丈島航海を考えているのだが、より効率的なコースを考えなければならない。次回の挑戦では、黒潮の影響が少ない神津島の西側を南下して、銭洲付近に達したら、サウスにヘディングコースを取り、6ノット前後のスピードを維持すれば、実航磁針路は八丈島を向くので、黒潮の本流を横断しながらスムーズに八丈島へ到達したい。

船折の瀬戸 2012年5月31日

　今月初めに父島で12年ぶりに再会した〈Emitan〉の浜坂浩さんが、5月19日に三崎港でお別れした後、ホームポートの熊本へ帰る航海を続航中である。昨日、弓削島から大三島への回航時に数度のメールによって、あたかも実況中継のように航海の模様をお知らせいただいた。弓削島から大三島のレグには瀬戸内海航路最大の難所、船折の瀬戸がある。私には格別の思い入れがあることを浜坂さんは知っていたようだ。

　私は過去に、ほぼ10年間にわたって毎年のように博多へ航海していた。その際には往復で船折の瀬戸を通っていた。瀬戸内海を東西に通航するには東側の出入り口が鳴門海峡または明石海峡とすれば、西側が芸予諸島の海峡になる。芸予諸島にはいくつかの海峡があり、メーンストリートが来島海峡、そのほかには小さな抜け道がいくつかある。伯方島と鵜島の間にあるのが船折の瀬戸、鵜島と大島の間にあるのが荒神の瀬戸である。

　二度ほど来島海峡を通航したこともあるが、大型商船の通航が多いうえに潮流の方向に応じて通航路が変わったり長時間の緊張を強いられるので、勝負の早い船折の瀬戸を選ぶことが多くなった。もう一つの荒神の瀬戸は浅瀬が多くて、地元の漁船が利用する程度。私は10回以上船折の瀬戸を通航しているが、それぞれに思い出深いものがある。

　流速は10ノットになることがあるので、最初に通航した時は一晩、伯方島の入江に錨泊して潮待ちしたものだが、慣れてくるにしたがって禁じ手であるところの順流の最強時に突入したこともあった。周辺の島々は愛媛ミカンの産地であり、5月の穏やかな日には蜜柑の花の香りが海上を漂って何ともゆかしい気持ちにしてくれたものだ。現在は本四連絡橋の尾道〜今治ルート、しまなみ海道が通っているが、歴史をたどると遣唐使が

| 第5章 | **クルージング**

通った航路であり、また三島村上水軍が活躍した海や島である。

　私の個人的な関わりでいうと、周囲の島には能島、能崎の地名があったりして、ご先祖さまのルーツの地かもしれないと思ったものだ。そのようなわけで、いつかは芸予の島々を訪ねてみようと、長年希望を温めていた。10年ほど前にヨットの仕事が一段落した晩秋に、尾道からクルーズ船に乗ってアイランドホッピングをやり宿願を遂げることができた。大三島の大山祇(おおやまずみ)神社が特に印象的だった。全国総鎮守とされ皇室にも縁が深い社である。千年を超す楠の大木の下で森林浴を楽しんだ。

　昨日、浜坂さんが大三島にある宮浦港に寄港して、メールで報告してくれた内容を見てびっくりした。大山祇神社の門前町というべき商店街の9割が閉店、廃屋になっていて何もないとのこと。しまなみ海道が通じて、さぞかし観光客で賑わっているのではないかと思っていた。

　あまりに世俗化されるのは好むところではないが、日本の原風景として後世に残し多くの日本人に訪れてほしい場所である。

大航海の予感 2011年11月25日

　寒くなると、海図を広げては赤道付近を走っていた時の航海を思い出している。私は雪国育ちだが、関東に出てきてからの年月が長くなっているので、今では寒いのが苦手になってしまった。

　椰子の葉にそよぐ風、鮮やかな青い海、リーフに砕ける波の音を思い出すたびに、心はたちまちのうちに南洋に飛んで行ってしまう。

　Googleの無料ソフトに面白いのがあるので紹介したい。地図から距離、方角などを得ることができる。出発点、変針点、目的地をクリックすると、

積算距離や針路がたちどころに表示される。赤道をまたぐ航海では、航程を求めるのに通常の緯度尺目盛を使っても役に立たない。中分緯度法や漸長緯度法の手間のかかる三角関数計算を行うよりもはるかに便利。唯一の難点はキロメートル表示だからマイル換算にしなければならない点だろう。大圏航法の距離も平面航法のどちらでもOK。拡大して、航空写真も見られるので、島の様子、環礁の切れ目を確認することができる。さらに、通常の検索サイトを使えば、島の景色や住民の生活までも知ることができる。

　時々、知り合いから長距離航海プランについて、相談を受けることがあるが、このソフトを使えば、たちどころに細かいプランを作ることができる。私自身が行きたい場所がいくつかあるのだが、時間を見つけては具体的なプランをつくって、実現を夢見て楽しんでいる。

- ポンペイ島（ポナペ）：06°-54′N、158°-14′E　下田から1,970マイル
- チューク諸島（トラック）：07°-25′N、151°-47′E　下田から1,787マイル
- パラオ：07°-00′N、134°-25′E　下田から1,675マイル
- ニューブリテン島ラバウル：04°-15′S、152°-00′E　下田から2,538マイル
- フィジー：17°-50′S、178°-15′E　下田から3,983マイル

　この中で、いくつかの航海計画を実現させてみたくなったものがある。通常の性能のヨットであれば、デイラン100マイルを見込めば、片道2週間ちょっとで到達できるだろう。サンフランシスコまでは、4,500マイルである。

　私が主宰する「実践ヨット塾」の修了者で、これまでシングルハンドも含めて3チームが世界一周航海に出かけている。他にも数カ月程度の期間

第5章｜クルージング

の航海を達成済みの人、これからスタートする人たちがいらっしゃる。

年配の方たちの中には、堀江青年になりたい！ゴーギャンになりたい！と思っている人が少なからずいらっしゃるだろう。間寛平さんの航海に触発されて、自分でもできるんじゃないかと思う人もいるはずである。しかし、個人で実行するには費用や技術・知識の面でリスクを感じている人が多いに違いない。これまでに、数回、お客さんから途中までの航海に同行を求められたことがあるほどだ。

ヨーロッパのヨット先進国には定期的に大西洋を横断する航海を体験するプログラムを実施しているスクールがあって、自身の航海のリハーサルのためや夢の完結のために利用されている。

幸いに私には60ftの〈翔鴎〉がある。ウインドベーンを設置して、インマルサットを導入すれば、無敵の長距離航海ヨットが出来上がるはずだ。風が良ければ、デイランで軽く200マイルを超えるだろう。もともとが太平洋を頻繁に往復することを目的に作られたヨットなので、長距離航海にこそ、その威力を発揮するだろう。

いくつかの装備を追加すれば、無敵の長距離航海ヨットとなったであろう〈翔鴎〉。実際にグアムまで6日で帆走したことがある

| 第6章 |

ナビゲーション

星を頼りに 2008年7月8日

　海洋計画では2カ月に一度の頻度で天文航法の教室を開いている。受講者がゼロという時もあるが、このところ4、5名が確実に集まって賑わっている。GPSが普及してから天文航法に対するヨットマンの興味が薄れてしまったようだ。いまどき民間レベルで天文航法を教えてくれるのは日本中で海洋計画だけだと言う人もいた。30年前に横浜のヨットハーバーで天測教室を開催した時には、定員50名の募集がオーバーフローしてしまって追加開催したことがあった。

　天文航法は過去の遺物というイメージはぬぐえないが、私は今日的な意義を感じている。そもそも、天文航法を含む航海術が発達したのは15世紀になってからである。ポルトガルのエンリケ航海王子（1394〜1460年）が海の大学を作り、世界各地から数学者や地理学者を招き、研究と教育を行ったのである。当時のポルトガル王国は海洋立国であり、新しいインド航路を熱望していたのである。ヴァスコダ・ガマやコロンブスが登場するのはこの後である。

　同じようなことが近い過去に海の世界で起きている。アメリカズカップで実際に戦っている乗員の多くはニュージーランド出身である。ニュージーランドがヨットに強いのは単にヨット人口が多いからではない。40年ほど前にヨットの学校を作って、国中から素質のある青少年を集めてヨット教育を施し、持続的に成長してゆけるシステムを作ったのである。教育の効果は大きい。歴史を変えることだってあるのだ。

　近い将来、環境破壊や資源枯渇が進んだ時、最終的に残るものは何だろうか？　人工的なガラクタばかりが周囲にあふれ、自然として残るのは空気、水、太陽の恵み、そして、宇宙の運動だろう。

| 第6章 | ナビゲーション

ボタン一つで欲しいものが何でも手に入る生活をしていると、人間の能力が徐々に退化してしまうに違いない。先人の辿った道を追体験して能力を高め、地球上に最終的に残るモノを使って生活することや楽しむ術を身につけておく、そのための方法としてヨットや天文航法があるというのは少々、手前味噌だろうか。

いまでは天測を行うヨットマンは稀になってしまった。写真はタマヤ計測システムの六分儀「MS-2L」

照射灯 2009年4月27日

　神奈川県・城ヶ島の東端に安房埼の灯台が設置されている。昨年5月に開催された「ケンノスケカップ・ヨットレース」ではスタートライン設定のための目標に使用した。

　先日、レース参加艇のオーナーの一人から安房埼灯台の灯質についての質問がきた。海図の記載を見ると、Fl 4sec 12M & Fとなっている。Flは閃光であり、Fは不動光なので、連成不動閃光と答えたが、私の中ではどうにもすっきりしなかった。連成不動閃光であれば、通常はF Flとなっていなければならないはずである。レースが開催されるのは日中なので、灯台の光り方などどうでもいい気がするのだが、関東水域ヨットマンのお膝元にあって、不確かな航路標識が存在してはならないと思って、再度、灯台表で検索してみた。それで判明したことだが、&FのFは不動光ではなくて照射灯であった。

照射灯は灯台と併設されることが多く、陸地に近い暗岩、岩礁や防波堤の先端を強力な照明で照らし出して、船舶に障害物の存在を知らせる役割を担っている。

　照射灯はめったに目にすることはない。手元の資料によると、灯台は全国に3,332基あるのに比べて、照射灯は158基しかない。

　私が最初に照射灯を見たのは、夜間に紀伊半島の先端にある潮岬をかわして、鳴門海峡を目指していた時のことである。真っ暗な海上に、煌々たる照明が輝いていた。かくも辺鄙な地に大規模スポーツ施設ができたかと思ったのだが、目の前の海面に浮かぶ岩礁群が牙を剥いているのを見て納得した。和深埼三ツ石照射灯と判明した。

　小型船舶免許の講習には照射灯は出てこない。実際に海に出ると、習ったことがない航路標識に出くわすことが多々ある。例えばL Fl はLong Flash（長閃光）という。さらに腕木式や電光式の潮流信号もある。自船の安全のためには、全てを知っておく必要がある。

ポリネシアの航海術　2009年8月18日

　昔、見た映画に、題名は忘れてしまったが、ポリネシアの青年が一人でアウトリガー帆走カヌーに乗って大洋を旅するのがあった。ストーリーは途中から荒唐無稽になって、航海中に核実験に遭遇した青年が意識不明のまま、氷山の浮かぶ海まで流されて救助されるのだが、青年の夢の中に南太平洋の美しい自然をふんだんに登場させていることから考えると、自然保護をテーマにしていたものと思われる。その当時、私はすでにヨットを始めていたので、「こんなことはありえない」と、批判的に見ていた

第6章｜ナビゲーション

ことを覚えている。

　主人公が乗るカヌーは自然木をそのまま利用した構造であり、生活用品の貯蔵スペースや眠るスペースもないので、長距離の航海には適さないだろう。唯一印象に残っているのは、マストの先端にひょうたんのようなものがぶら下がっていて、その中に食料が入っているほか、それを使ってナビゲーションをしていたことである。

　19世紀にクックが南太平洋を航海した時、広大な海に浮かぶ島々の住民たちが数千マイル離れていても同じ言語を使うことから、彼らが大洋航海する技術を持っていると確信したのである。

　コンパス、六分儀、クロノメーターやもちろんGPSも使用しない。それでいて自船の位置が分かり、小さい島を見過ごすことなく到着できるのだから、人間の持つ原始的な知恵や勘に頼る究極の航海術と言ってもいいだろう。果たして、彼らの航海術は特定の海域だけでしか通用しないのだろうか、欧米にはポリネシアの航海術を研究している学者もいるようだ。彼らの航海術は今日ではスターナビゲーション、ウインドコンパスの名で呼ばれている。

　ホノルルにあるビショップ博物館はポリネシアン航海術に関する展示物や解説があるという。残念ながら、私はビショップ博物館を訪れたことがないが、友人の話によると渡り鳥の飛び去る方向から目的地の方向を知ったり、穴のあいた土器を使って天体観測をするらしい。

　私が主宰している天文航法教室では、GPSを使用できない状況もあり得るという理由で天文航法の重要性を主張している。ところが、時には六分儀や暦、正確な時計も使えない状況もあり得ることを考えると、俄然ポリネシアン航海術に興味が湧いてくる。

　スティーヴン・キャラハンの「大西洋漂流76日間」では、身一つで救命

いかだに乗って漂流し、ナビゲーションのために利用できたのは腕時計のみ。しかし彼は天文航法の原理を理解し、実践していたので76日間に渡って自分の位置を知り確実に陸地に向かっていることで安心を得るのである。

　数日前に自宅で本の整理をしていて、手付かずの本を見つけた。海外へ旅行した際に、私はいつも本屋を覗いてヨットに関する文献を買うことに決めている。その当時、入手した本のうちの一冊だと思うが、内容が難解だったので読まないままに放置していたようである。

　本のタイトルは「Emergency　Navigation」といい、中味はポリネシアン航海術に改善を加えて、文明の洗礼を受けた人でも理解できる内容になっていることが分かった。

　英文なので一日に10ページほどしか進まないのだが、これまで読んだ内容のうちで驚いたのは、コンパスがなくてもナビゲーションできると言っている。できる限り正確な時計の存在を前提にしているあたりは純粋なポリネシアン航海術ではないが、むしろ現実的であり好ましい。

　貨物船や流木との衝突、落雷、冠水など、いろいろな原因で全ての航海計器が使用不能になることもありえる。天測暦、天測計算表や海図類を持ち出せないこともあるだろう。

「Emergency　Navigation」を完全に理解するためには、かなりの日数が必要だと思うが、今は新しいターゲットができたことで燃えている。

羅針盤 2009年9月17日

　私はコンパスに関して、大きなこだわりを持っている。30年以上前に世界一周に出かけた時、艇内にある航海計器といえば六分儀、クロノメー

第6章｜ナビゲーション

ターとコンパスだけであった。それらだけで、毎日、正確な位置を出し、確実に目的地へ到達することができた。今になって思うと、私たちはコロンブスが500年前に新大陸を発見した時に使用した航海計器とほぼ同じものを使っていたといえる。私たちが世界一周をやった当時でも進歩した航海計器はあったのだが、小型船には向かなかったり値段が高くてとても手が出なかった。

　現在はGPSの時代である。小型軽量で、小遣い程度で買うことができる。いつでもリアルタイムで船位が出てくるので、六分儀やクロノメーターはいらなくなったとされているが、依然としてコンパスの重要性は変わっていない。フネを正しいコースに乗せて目的地に向うためには、コンパスは必須である。さらに天文航法の初歩的な知識があれば、コンパスだけで太平洋横断も世界一周も可能だろう。

　ところがである、「Emergency Navigation」を読み進むうちに、コンパスも要らないことがだんだん分かりかけてきた。ポリネシアの人々はウインドコンパスを使っていたという。ウインドコンパスとはどんなものか、興味津々であったが、実は実体のないもののようだ。ウインドコンパスについて後ほど説明するとして、いろいろなコンパスについての知識を広げてゆくと面白いことが分かる。

　コンパスは中国人の発明とされているが、コンパスが発明されるはるかな昔から人類は大洋を渡っていたのである。コンパスがなくても古代の人々は針路や方位についての知識は持っていたし、地球が丸いことやその大きさをも正確に知っていたということが、エジプトのアレキサンドリア図書館の文献から明らかになっている。

指南車

　古代中国人が発明したとされているコンパスは指南車という名前で呼ばれている。ところが別説があって、指南車は馬車であり、それには自動車のデファレンシャル・ギアのようなものが付いていたとされる。三国志に登場する諸葛孔明が乗っていたことから考えると、指揮官が乗る車と考えるのが順当であるような気がする。日本でも、武芸者が道場破りをする際、「一手、ご指南を」というように、南を向くことではなくて、指導や指揮をすることを意味しているように思われる。

　が、それでもなお、私はコンパスは中国人によって発明されたと思っている。コロンブスがアメリカ大陸を発見した100年前、明の時代に鄭和が大艦隊を率いて、アフリカ南端に至ったことが確認されている。さらに、その一部はアメリカ大陸に足跡を記した痕跡があるそうだ。鄭和の艦隊は本格的なコンパスを搭載していたことが想像できる。多分、それは今日の湿式コンパスのようなものであり、羅針盤の名で呼ばれていたに違いない。

逆針式コンパス

　初期のコンパスは磁気を帯びた針を糸で吊り下げたり、山登りで使用されるコンパスのように磁針の中央をピボットピンにのせていたか、水を張った桶に磁針を木片に乗せて浮かべたものであっただろう。この方式では南北の方位は分かっても、針路や方位を正確に読み取ることはできない。

　そこで考案されたのが逆針式コンパスである。江戸期の沖乗り船頭たちが使っていたのがこのタイプである。磁針を入れた容器の周囲に方位を記入するのだが、反時計回りの順に記入する。昔は十二支方位を使用していたので、子、その左側に丑、寅……の順番に記入する。子を船首方向に合致させると、磁針の北が指す方位が針路になる。日本式の面舵、取り舵

の操舵号令は逆針式コンパスの名残りと言われている。すなわち、卯（う＝おもかじ）が左舷正横にあり、酉が右舷正横にあるので、舵柄を左へ寄せることを卯の舵、右舷へ寄せることを酉舵になったという説が有力である。

現代のコンパス

　一般的には湿式コンパスが使用されている。密閉容器の中に、エチルアルコールと蒸留水が入っていて、磁針やフロート、方位を記載した円盤状のコンパスカードが一体となって浮かんでいる。ラバースラインと呼ばれる目印を船首方向に合致させて設置されているので、ラバースラインが指す方位が針路となる。湿式コンパスは見た目にシンプルだが、内部は思いのほか複雑な構造になっている。内部の液体と容器の膨張率が異なるので、液体の膨張や収縮によって、容器が破裂したりへこんだりしないように、上室と下室に別れていて弁調整している。

　湿式コンパスのほかに、乾式コンパスや電子コンパスも広く使用されている。電子コンパスはフラックスゲートセンサーによって磁気子午線を読み取って、リピーター表示やデジタル表示が可能である。

ジャイロコンパス

　ジャイロコンパスは常時電力を必要とすることや設備が大がかりになることから、小型船舶で使用されることは少ない。偏差や自差の影響が皆無なので、短所を改善すれば小型船舶でも使用が広がるかもしれない。

ウインドコンパス

　私はポリネシア人の航海術によって、ウインドコンパスの存在を知ったが、コンパスが発明される以前には地球上の多くの地域で応用されてい

たと思われる。

　私たちが通常、針路を保ってフネを走らせる時、コンパスによって針路を合わせた後、船首方向にある陸地、雲や星を目印にする。しかしながら、陸地以外は時間の経過とともに移動するので、利用できる時間はせいぜい30分程度だろう。陸地を遠く離れた外洋にあって、変化しにくいものは何か？ 風向を利用するのである。短くて半日、長いと数週間、同じ風向が続くことがある。ウインドコンパスの考えを応用するにはダムコンパスを作るとよい。厚紙に円を描いて、周囲に360度の目盛を記入した後、中心にピンを立てれば完成である。

　天文航法の知識によって天体の方位が分かる瞬間、例えば北極星、太陽の正中時、日出時、日没時にダムコンパスの方位をその天体に向けると同時にダムコンパス中心に立っているピンに取り付けられているリボンが風になびく方向から風向を知るのである。フネの針路とダムコンパスの向きを調整してリボンがなびく方向がダムコンパス上の方位に一致するように保針して航行すればOKである。

　艇速が変化すると見かけの風向と真の風向が違ってくるので、艇速と風速のベクトル解析が必要になる。

逆針式コンパスの一例。東京海洋大学「百周年記念資料館」に展示されているもの

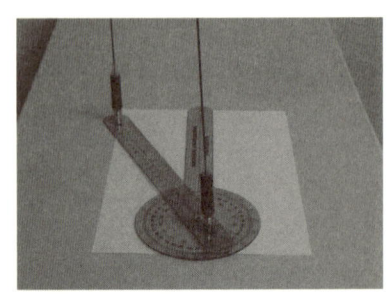

「実践ヨット塾」の講義では、定規などを用いてダムコンパスの説明を行っていた

第6章｜ナビゲーション

宇宙の座標軸　2009年8月6日

　今週は2日間に渡って天文航法の講習会を開催した。2カ月に1回の頻度で開催する計画を持っているのだが、20年前にGPSが登場してから天文航法は全く人気がなくなってしまった。受講者が3人以上集まった段階で開催することにしているので、年間6回の開催計画のうち4回が不成立になることが続いていた。今回、ピッタリ3名の受講者が揃ったので開いた。面白いことには今回の受講者はいずれもヨットには関係がない人たちである。3人のうちの2名は天文愛好家、残る一人はパワーボートの愛好者であった。天文航法をマスターしたとしても、実際面では役立てる機会はなさそうな人たちである。

　ところが、2日間の講習が終わった時、参加者の女性から「楽しかったぁー」と声が上がり、私も振り返ると楽しい授業ができたことで満足感一杯であった。

　私が教える天文航法は米村表を使用する「位置の線」航法であり、日本人の叡智を結集した宝ともいえるものである。先人たちの遺産を後世に伝える義務感のようなものを感じながらの授業である。天文航法を廃れさせてはならない。

　講習会では私が初めて天文航法を勉強した時の感動を伝えるようにしている。約40年前に1年間かけて、自習によって天文航法を理解した時のことを思い出す。視時とか平時とかの言葉の定義から始まって、数式を理解するのに大変な時間がかかってしまったが、その後に仲間に教えた時に要した時間はたったの1日だった。

　天文航法の前提が大変に面白い。第一は天動説の立場を取ること、第二に全ての天体までの距離は無限大だから等しいとするのである。それ

によって、カオスのような宇宙が整然とした秩序を持って動いているように見えるのだから不思議だ。地球が宇宙の中心に位置していて、宇宙全体が天球の内側に貼り付けられたプラネタリウムのように考えるのである。

　授業の合間に古代マヤの天文学や古代ギリシャの天文学にジャンプした。マヤ暦というものがあって、当時すでに1,500年後の地球を予想していたとされる。2012年以降の暦がないことから、地球は新たな段階に入るのだそうだ。天文の知識は古代においては為政者が領民を統治するための道具として使われた。暦を作って、作物の種をまく時期を決めたり、取り入れの時期を決めていたのだろう。天文の知識が船の位置を知るのに役立つというのは画期的な出来事だったに違いない。

　講習会では、天文航法の原理を理解してもらい、いろいろ回り道をしながら、最後に海図上で位置を確定した時、感動を持って迎えられた。

　今回、受講された方々は実用を考えていない人たちであった。それはそれで良かったのかもしれない。実用を考えれば、GPSに敵うわけがない。純粋に学問的な知識欲を満たすこと、知識を得ることの喜びを味わっていただいたのかもしれない。GPSのようにボタン一つで、ことが解決する世界は私には馴染みにくいものがある。大汗をかいて手に入れたものが本当の価値だと思う。

ヨットと落雷　2010年10月20日

　ヨットは風や波、自然の猛威をモロに受けて、こころもとないイメージを持たれそうだが、「揺れども沈まず」。ヨットほど安全な乗り物はないと私は思っている。世間で怖いものといえば、地震、雷、火事、おやじ、全て

第6章 ナビゲーション

ヨットには無縁な存在だ。

　昔、インドネシア周辺の海域をセーリングしていた頃、頻繁にスコール雲がやってきては猛烈な風と雨に翻弄された。さらに、機関銃の弾丸のように周囲の海面に落雷が起きた。舷側から数メートルの至近距離に落ちる雷も無数に体験したものである。雷が水面に落ちると、ズボッという音とともに同心円の波紋が瞬間に広がった。当座は生きた心地はしなかったが、なぜマストへ落ちないのだろう！　避雷針の原理から考えれば、ヨットのマストへ落ちることが順当と思われるが、そうはならなかった。毎日のように落雷を経験しているうちに、いつか怯えは「ヨットには雷は落ちないんだ」という確信に変り、さらに信仰に近いものになった。

　そうなると勝手な理屈をつけて、ヨットは常にアースを取っている状態なので、海はマイナスでマストはプラス、雷はプラスなのでプラス同士が反発して、雷がマストを避けるという結論に達するようになった。世界のヨット情報を調べても、ヨットに雷が落ちた例を聞いたことがなかった。上架中のヨットに落ちた例を知ってから、ますますプラス同士が反発するという理屈への確信を深めた。

　通常、ヨットの落雷対策としてマストを支えるステーから水面へチェーンを下ろしてアースを取ったり、アンテナの導線に切り替えを設置して雷を海に逃がす方法が採られている。私たちはいずれの措置も講じなかった。

　ところが最近になって、商船員の経験を持つ人の話を聞いてビックリした。航海中、商船のデッキにはバリバリ雷が落ちたということである。例の理屈はあてはまらない。

　考えてみると、雷はもの凄いスピードで落ちてくるので、途中に障害があってもコースを変えないだろう。単に確率の問題かもしれないと思うようになった。

世の中には知らない方がシアワセでいられることが多い。屋根の上のバイオリン弾き、火宅の中に生きているのが人生なのかもしれない。

航海術は幾何学 2010年7月23日

　ヨットを満足に動かすためにはいろいろな知識や技術が必要であるが、ヨットをやればやるほど自分に足りない分野のことが気になって、泥縄式にわか勉強を始めている。昔、大型商船の船長から聞いた話の中に、「航海術は幾何学、船の運用術は物理学」というのがあった。船を動かすためには理数科の頭が必要であることが想像できる。

　しからば私はといえば、出身が文科系の経済学部なので理数系は苦手とするところであるが、最近、空き時間を利用してなるべく理数科の書籍を読むようにしている。ヨットは所詮、遊びの世界であり、とてつもなく難解な学問を必要とするわけではないので、片手間でしかも楽しみながら私の頭でも十分に対応できることが分かった。最初から専門分野に入らないで、大まかに理解するために選んだ本、「物理を楽しむ本」は実に良かった。身近なデキゴトを例にとって電磁波や量子物理学にまで踏み込んでいるので、門外漢であっても物理学に興味が向けられそうである。無味乾燥な受験勉強とは異なり、ヨットのための勉強と思うと理数系の勉強にも根気が湧いてくる。

　考えてみれば、技術屋さんの世界でも専門が細分化されているので、理数科出身といっても必ずしもヨット関係の技術課題に明るいわけではないだろう。文科系の人間であっても興味を持って勉強すれば、ヨットを動かすために必要とされる技術的な知識は十分に身につけることができる。

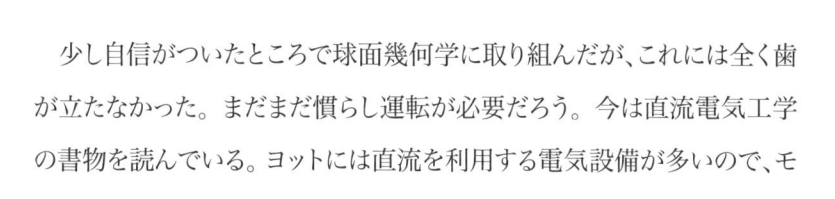

少し自信がついたところで球面幾何学に取り組んだが、これには全く歯が立たなかった。まだまだ慣らし運転が必要だろう。今は直流電気工学の書物を読んでいる。ヨットには直流を利用する電気設備が多いので、モロに役立ちそうである。

　若い時の勉強は受験や資格取得のものが主流であり、そのために早いうちに適性を判断されて、断念せざるを得ないこともあった。趣味のための勉強はタイムリミットがあるわけでもないし試験があるわけでもないので、楽しみながら好きな時間に好きな量を勉強できるのがよろしい。

　受験生の時代に、最初、私は理数系を目指していたのだが、数学の科目のうちのいくつかで理解が追いつかない分野があり、そのまま先に進んだために後になって取り返しがつかない状態になったことがある。若い日につまずいた行列式にも、いつか再チャレンジしたいと思っている。

猫足風　2010年8月2日

　週末に翻訳モノの小説を読んでいたら「猫足風」という表現に出くわした。初めて見る言葉なので、どんな風なのか想像できなかったが、その情景から想像して無風に近い海の状態であることが分かる。英語ではCat's pawというそうだ。猫の足跡が残るような海面というのだろう。私たちであれば、チリメンじわができる海面というだろう。その他、私たちは白波が立ち始めるのをウサギが跳び始めるという。英語圏ではWhite capped waveといったり、白馬が走り始めるというようだ。風の強さを波の立ち方との関連で表現する方法は面白いし、有用であるかもしれない。

　日本には風の名前が2,145通りもあるそうだ。風の強弱、季節、地域

によって名前がつけられている。その多くは漁師さんや農家の人によって名づけられたものなので、自然と密着して生きる人々の経験則のようなものかもしれない。普段、私たちはビューフォート風力階級や風速何m/sという言い方をするが、無機質的に風速〇〇m/sというよりは、春一番の風と言った方が海面の状況が分かりやすい場合があるし、変化の予想がしやすい。

　風の強弱が必ずしも波の立ち方にリンクしていないこともあるのだ。卑近な例では、私は東伊豆沿岸を航海することがあるが、西風が吹いている日に猛烈な風に出会うことがある。島影を走っていると無風に近いのだが、風の通り道に差し掛かると海面は真っ平らにもかかわらず、突然、ヨットが横倒しになるほどの強風となる。そのような時は数分間コースを維持していれば、また元の無風に戻るのだからあわてる必要はない。

　外国にも多分、多くの風に関する名前が存在すると思うが、私たちが知ることができるのは極めて危険なものだけである。ハリケーン、サイクロン、シロッコ、ウィリーウィリー、パンペイロス、テファンテペックなど。水路誌にも載っていることがあるが、地元の人にそれぞれのしのぎ方を聞くと航海に役立つ貴重な知識となる。

　日本人の知恵とも言うべき歳時記には風の名前が数百も載っているらしい。風に名前をつけて俳句に風の名前を取り込むことによって、季節感や情景を彷彿とさせてくれるメリットがあるのだ。

　風を扱う専門家であるヨットマンは、出たとこ勝負でシケをしのぐのではなくて、ローカルな風について名前を覚えそれぞれの特徴を知っていれば、将来の航海に大いに役立つに違いない。

日本三大悪風 2010年8月27日

　久しぶりに台風が発生しそうである。少しは涼しくなることを期待したい。
　風についてネット上で検索していたら、日本三大悪風という項目に出くわした。日本各地には局地風があり、ある季節に特別の条件が満たされた時に吹く風のうちで、極めて強い風が吹いて農作物に被害をもたらしたり、船舶の航行を阻害する極端なものを三つ選んで日本三大悪風と称している。
　山形県庄内地方の清川ダシ、岡山県の広戸風、愛媛県のやまじ風がそれである。

- **清川ダシ**：梅雨期に、東高西低の気圧配置の時に発生しやすく、東南東の強風が吹く。
- **広戸風**：鳥取県の千代川へ吹き付ける北の風が収斂して、山を越えて岡山県側に吹き降ろす風である。台風の際には陸上でも秒速70m/sを越える風速を記録したことがあるという。
- **やまじ風**：愛媛県の新居浜市の近郊で吹く南よりの強風で、春秋に吹くことが多い。

　関東地方でヨットをやっていれば、三大悪風に出会うことはないが、日本一周などの長距離航海を目指す人にとっては、知っておかねばならない知識になるだろう。三大悪風に共通するのは地形に深く関連していることである。風の通り道には先細りの谷間があって、風が収斂して加速され山を越えて吹き下ろしとなる。
　私は日本三大悪風に遭遇した経験はないが、世界一周の途上で日本

三大悪風に大変似ているテファンテペックという有名な風に遭ったことがある。その時に学んだ方法は時化対策の一つとして、今でも私の心の収納庫の中に保管している。その詳細について述べてみたい。

　1974年3月14日にパナマを出航して、アメリカ西海岸に向けて太平洋を陸地に沿って西進した。北米大陸と南米大陸を繋ぐ中南米地域には背骨と言えるシェラマドレ山脈が屏風となって、カリブ海に吹く東風を遮っている。そのため、私たちが走る水域にはほとんど風が吹かなかった。あるかなきかの風を拾いながら航海を続けて、4月3日にメキシコのアカプルコまであと200マイルの距離を切る地点に達した時、北寄りの風が吹き始めた。上空には黒雲が覆い始めて、風がまたたく間に吹き上がってきた。ジェノアからレギュラーへ、レギュラーからNo.1へ、そしてストームジブへとセールチェンジを繰り返した。スコールの時の風の吹き方に似ている。しかし風速が40m/sを超えるとセールを揚げていられなくなるので、全てを降ろしてバウを風下に向けて、船体への風圧だけで走った。さらに、波が極端に悪くなったので、バウからシーアンカーを流してようやく一息つくことができた。私はキャビンバースに横になって米国水路部発行の「Sailing Direction」を読み始めたところ、テファンテペックについての記載があった。

　Tehuantepecというのは土地の名であり、湾の名前であるが、その地方に吹く強風の名前にもなっている。シェラマドレ山脈には切れ目が2カ所ある。一つがパナマであり、もう一つがテファンテペックである。通常、地峡と呼ばれる場所である。カリブ海に吹く東風が二つのスリットに収斂して、太平洋側に強風が吹くことになる。

　さらに、「Sailing Direction」の記述では強風は数時間で止むこともあるし、数週間に渡って吹くこともあるという。北から南に帯状に吹く風な

第6章｜ナビゲーション

ので、シーアンカーを流して、風が止むのを待っていても無駄であることが判明した。すぐにシーアンカーを回収して、小さなセールを揚げて走り始めた。1時間ほど走ったところで、風が落ち始めて、そのうち無風状態となってしまった。

　シケ対策の基本は、時間を稼いでシケが通過するのを待つことだが、局地風に対する方法ではその風が吹いている場所から遠ざからなければならない。局地風に関する予備知識を持つことは論を待たない。

簡易天測表　2010年10月28日

　木枯らし1号が吹き荒れた26日の夜、わがヨットスクール「海洋計画」の教室では熱気ムンムンの勉強会が行われていた。天文航法教室が久しぶりに成立して、熱心な受講者5名の講習となった。今回は富山市から休暇を取って参加したシーカヤッカーのTさん、本年8月に本州一周のヨットによるクルーズを成功させたNさんなど、いずれの方も2日間で天文航法をマスターしようと熱意にあふれていた。

　講習メニューはほぼいつも通りながら、受講者の顔ぶれを見て若干の変化をもたせることにしている。時々、天文マニアの方が参加されたりするが、今回はヨット乗りがほとんどだったので、米村表をメーンに、参考として平面航法、球面航法の他、簡易天測表についても詳述することにした。

　私は過去の航海で使用したのは米村表だけだったが、世界一周から帰還した後に簡易天測表の第3巻を購入して、その後、簡易天測表と米村表を使って計算した結果をよく比較対照した。簡易天測表ではほとんど計算が不要であり、3個の引数（地方時角、仮定緯度、赤緯）で表を引け

ば、わずか1回で求める数値を得ることができる。インターセプトで約1分、方位角で約1度以内の誤差だから、十分に実用に耐える。

　ところが、残念なことには簡易天測表は昭和52年以降、絶版になっている。ちょうどその頃から航海術の世界ではNNSS（衛星航法システム）やロランCが普及して、天文航法自体の需要がなくなりつつあったためと思われる。当時は航法システムの精度は現在のGPSほど高くなかったので、天体観測を併用することによって精度をチェックしていたようだ。

　今後の入手の困難さを考えると、簡易天測表は私にとっては宝モノのような存在だ。簡易天測表をつぶさに観察すると、興味深いことが分かる。簡易天測表が歴史上、最初に登場したのは、日米開戦前夜の昭和15年に航空天測表としてである。日本海軍が航空機による渡洋攻撃の可能性を考えて、整備したものが簡易天測表であることが想像できる。いわば、新開発の兵器であった。航空機の航海術は船舶のそれよりも遥かに困難を伴う。海流よりも遥かに高速で移動する気流によって、航空機の針路が大幅にずれるので、針路修正が大仕事になるだろう。しかも、航空機のスピードが速いので、計算や図上作業にもスピードが要求される。上空に吹く風の方向、強さを判断するために、海面近くに降下して波を観測したようだ。

　数年前に完成した「戦場に輝くベガ」という題名の映画がある。戦争中の渡洋爆撃機"銀河"の物語である。劇中には天体観測や簡易天測表がふんだんに登場する。

　過去の遺物のような天文航法を現時点で勉強する意義は何か？　いつも講習の冒頭で述べることであるが、海でトラブルに巻き込まれた際に、最悪の場合には体ひとつしか残されないこともありえる。高度な航海計器に頼らない航海術の能力を身につけておくべきだと思っている。

|第7章|

あひるの
世界一周航海

木刀1本で海賊を追い払う 2008年12月18日

　アフリカのソマリア沖において海賊事件が多発している。今年だけですでに120件発生し、乗っ取り被害にあった船舶は35隻に達するという。日本では海賊と言えば、映画やアニメに登場する牧歌的なイメージの男たちを思い浮かべるが、ソマリアの海賊は重機関銃やロケット砲で武装していて極めて凶悪だ。

　過去に私自身も海賊に出会ったことがあったし、私の周りの人たちも海賊の被害を経験している。どちらかと言えばコソ泥程度のものだった。航行中の船舶に夜間、ゴムボートで接近し、ロープを伝って侵入し、キャビンの丸窓から棒の先のフックを使ってスリッパ等の小物を盗んでゆく類いであった。

　国連安全保障理事会ではソマリア海賊の拠点に対する地上攻撃を承認した。国連海洋法条約では、公海上で海賊を拿捕した時は拿捕した船が所属する国の法律によって裁くことになっている。大航海時代は海賊はすべて絞首刑による死刑と決まっていたのだが、現在の世界各国の刑法には海賊罪という罪刑がないので、せいぜい強盗罪、誘拐罪になるのだろう。

　ソマリア海賊はその領海内で発生しているので、本来ならばソマリアの国内法によって処断されなければならないところだが、ソマリアでは内戦の後、無政府状態が続いているので取り締まる当事者がいない。

　アメリカや中国、インドがソマリア海域へ軍艦を派遣している。日本では警察活動として海上保安庁巡視船を派遣することを考慮中のようだが、相手は強力な兵器を使用しているので、果たして通用するかどうか疑問だ。

　ソマリア沖はスエズ運河を通過する船舶の航路筋に当たるので、海賊

第7章 あひるの世界一周航海

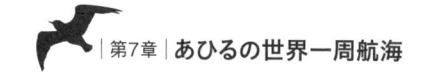

行為が頻発すると世界の物流が破綻する恐れがある。

　つい最近までマラッカ海峡の海賊が世界の注目を集めていたが、ソマリア海賊ほどの凶悪性はない。ソマリア海賊、マラッカ海賊に共通する点は出没海域が海上交通の要衝であること、周辺地域が貧困であること、取り締まるべき政府が弱体であること、管轄区域が曖昧なことである。

　長距離航海中のヨットにとって、海賊は最大の脅威になる。大シケよりも怖い。銃などの小火器を備えたり、海賊出没海域を迂回するルートを取るしか対抗手段はない。過去に私はインドネシアのスラウェシ島の東方海域で海賊と思われる船舶に追跡されたことがある。襲撃のタイミングを計っているように思われたので、こちらから先制攻撃をかけることにした。武器は木刀1本、救難用の信号弾4個であった。日の丸を翻してエンジン全開、最大速力で突撃したところ、海賊船らしき船は急にUターンして逃げ去ってしまった。

牛乳配達人の道　2008年12月15日

　昔、パナマ運河を通航するために大西洋側のクリストバル港で順番待ちをしていた時の話。フランスを出帆したヨットが毎日1、2隻、クリストバル港へ入港してきた。ヨット溜りにはフランスのヨットが溢れていた。後になって分かったのだが、フランス本国からパナマまでのヨットがたどる航路を「牛乳配達人の道」と呼ぶのだそうだ。毎朝、牛乳を配達するように確実にヨットがやってくる姿を揶揄したものである。

　小さなヨットがパナマ運河を渡るためには、最低5名の乗員が必要とされる。閘門(ガツーン)が運河の両端に4、5カ所設置されており、閘門

内で水面が上下する際にはヨットを固定するためのロープ4本、それぞれに長さを調整するための人間が必要であり、さらに舵を持つ人間も必要である。

私たちのヨットには3人の乗員がいたので、順番待ちの間、2人で運河を渡ろうとしていたフランス人のヨットを手伝うことがあった。逆に、私たちのヨットが渡る時はフランス人の若いカップルに手伝ってもらった。お互い本番に備えたリハーサルになるので便利な慣習だと思った。大西洋側から運河を渡り始めて向こう側の太平洋へ出るまで約10時間ほどかかるので、その間、2度の食事を作って食べたり、ヨットマン同士の情報交換に時間を費やした。ものすごい数のヨットがフランスからパナマに来ることについて聞いたところ、驚くべき事実が判明した。

毎年、500隻を越えるヨットがフランス本国を発って、南太平洋のタヒチを目指すという。途中、カリブ海のグアドループ、マルティニクへ寄港した後、パナマを通過して太平洋へ入り、ツアモツ、マルケサスを経てポリネシア諸島へ到着する。パナマ以外は全てフランス領なので国内クルージングの感覚のようだ。ほとんどが世界一周と考えていないので、タヒチに到着した後はヨットを売り払って飛行機で帰ってゆくという。3カ月間程度の航程なので、大型のバカンスを取れば、会社を辞めなくても大丈夫のようだ。クルーザーヨットを始めて1年程度だと言っていたが、全く緊張感がない。航程のほとんどが貿易風を後から受けて走ることができるので、難しい技術も不要だろう。

私にとってはフランス人のヨットマンといえば、タバルリーとアラン・コラしか知らなかったが、フランスは国内に無数のヨットマンがいる世界1、2位のヨット大国であることが分かった。

さらにその後に分かったことだが、フランスでは子供がヨットを学ぶと、

第7章 あひるの世界一周航海

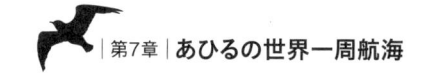

その費用の大部分が国からの助成金によってまかなうことができるそうだ。何ともうらやましい！

　私が40歳代の頃、フランス人に嫁いだ女性の母親と知り合う機会があり、その母親から娘のベカエール・直美さんが翻訳した本「クジラと泳いだ子どもたち」のヨット用語に関して翻訳監修を依頼されたことがある。

　フランスには「白鯨クラブ」と呼ぶ、不登校の小中学生のための学校、日本でいえばフリースクールのようなものがある。不登校の子供たちにヨットを教え、1、2年の訓練の後、子供たちだけでフランス～カリブ海を往復させて、その途中でクジラが出産、子育てをする水域でクジラと一緒に泳ぐのがメーンイベントとなる。戸塚宏さんのヨットスクールにも似ていないことはないが、生徒の自主性を重んじて、強制がないところが異なる。卒業後は人生の目標がしっかり身について、外交官や学者を目指すということであった。

未知を求めて遠く 2009年12月8日

　私が20歳代の頃、仕事と生理的に必要とする時間以外は全てヨットに注ぎ込んだ。24歳の時、仲間とともにヨットで世界一周に行こうと決意した瞬間から、私の心の中では前途にとてつもなく高い壁が立ちふさがっているように思えた。目標に向かって努力して果たして可能かどうかを探るのではなく、最初に"世界一周ありき"であり、出発は所与のものと受け入れていたからである。

　決断した頃はまだ日本人で世界一周した人はいなかったので、何をどのように準備するかも全く藪の内であった。また大きな恐れも抱いていた。

途中で仲間のうち誰かが死ぬかもしれないということ。

　最近、読んだ本のうちで学徒動員によって戦場へ送り込まれた戦没予備学生の手記から当時の私たちに似た心境であったことがうかがえた。彼らは確実に訪れるであろう死を意味のあるものにしたいと苦悶したのである。生と死は近いものであり、よく生きることの向こうに意味のある死が存在する。彼らは死の直前まで必死に生きようとしたに違いない。

　私たちの場合は自ら求めたものであり、死の確率はずっと低いものであったが、死とは別に、人生そのものをドブに捨てるような行為を正当化する理由を探していた。結果としては、人生の早い段階で濃密な時間を持てたことが、今になって思うと良かったのではないかと。

　私は多くの疑問に対する答えを書物に求めようとしたので、時間が許す限りは多くの本を読みあさった。読んだ本から抽出したフレーズを一冊のノートに抜き書きして朝夕に読んでは意志の強化に努めた。すでにそのノートは知り合いに譲ってしまったが、内容の多くは鮮やかに覚えている。「未知を求めて遠く旅する者には、神は秘密の園を開く」。岩波新書の「パタゴニア探検記」の中にあったように記憶している。コーランが原典だという。回教徒のアラビア人は世界史の早い時期から世界中を旅していた史実を考えると、コーランのこのフレーズが原動力になっていたのかもしれない。

　未知といっても、現代では新大陸を発見するなどの現実的な利益は世界一周航海にはないので、自分の内なる未知を探るものでなければならないとした。

　ゲーテは「旅の目的は旅することにある」と言っている。まさに至言であろう。

第7章 あひるの世界一周航海

ランドフォール 2008年12月20日

　航海中のヨットにとって最もうれしいニュースは、ランドフォール（陸地視認）であろう。航海中の屈託が吹き飛んでしまう効果がある。何百回となくランドフォールの瞬間に立ち会ったが、多くの場合、最初に陸地を見つけるのは私だった。ランドフォールの瞬間を最も待ち望んでいるのは私だからであろう。私は視力があまりいい方ではないが、ランドフォールには若干のコツのようなものがある。陸地の高さによって、見え始める距離を計算して、ヨットの現在位置と艇速からランドフォールの時刻を推測するのである。

$$D = 2.08 \times (\sqrt{h} + \sqrt{H})$$

ただし、D：距離（マイル）、h：眼高（m）、H：陸地の高さ（m）

　相手が島である場合は往々にして雲がかかっていることが多いので、かなり接近しないと見えないことがある。

　余談だが、陸地視認を地名にしている都市がある。ウルグアイの首都モンテビデオである。モンテは「山」、ビデオは「見る」の一人称動詞だ。「山が見えた！」という言葉がそのまま地名になったものだ。

　昔、私が海からモンテビデオに接近した時、丸っこい形の山が5つ、6つ見えた。地名の由来を知っていたのですぐに納得したのだが、現地では地名の由来にかかわる珍説を聞かされた。

　MONTE（山）、VI（6）、de（of）、o（east）すなわち、東から6番目の山を指しているというのだ。モンテビデオ市街の裏手にはなだらかな勾配を持つセロと名づけられた山が広がっている。国土のほとんどが平原

になっているウルグアイでは、この山がモンテビデオを特徴づけている。

　セロにはドイツの戦艦〈アドミラル・グラーフ・シュペー〉号の乗組員たちの墓がある。第二次世界大戦中に〈アドミラル・グラーフ・シュペー〉号が英国海軍の巡洋艦と駆逐艦に追われ、中立国の港であるモンテビデオに逃げ込んだが、退去命令によって出港せざるを得なくなった。降伏を拒否して、港外において自爆沈没した。

ヨットの3人男 2009年2月23日

　ある時、自宅に3人の若者が訪ねてきたことがあった。来意はヨットで世界一周に旅立つにあたって、アドバイスを欲しいということであった。計画の内容を聞くと、私たちと全く同じ航跡を辿るという。うち一人は艇長であり、社会に出てからヨット関連の職業に就き、世界一周の夢絶ち難く、郷里の学校の同級生2人を誘って、無事、出航に漕ぎ着けたということであった。私は大いに喜び、腕にヨリをかけて作った料理でもてなし、さまざまな情報を伝えたうえに、シケの経験がないというので、求めに応じて大シケの時のシノギ方を伝授した。

　その後、ちょうど1年がたった頃、自宅に部厚い航空便の封書が届いた。開けてみると自宅へ来た3人組の一人からのもので、内容は何とか苦労の末、南アフリカのケープタウンまでたどり着いたが、艇長が日本へ帰ってしまった。残された2人はヨットのシロートなので、日本に引き返すにしてもシケをしのぐ方法を教えて欲しいというものであった。私の家を訪れた時は、食べることに忙しくて聞いていなかったらしい。手紙には艇長が帰国した経緯は書かれていなかった。

| 第7章 | あひるの世界一周航海

　私はすぐに便箋10枚以上を費やしイラスト入りの長い返信を送った。まず、冒頭に日本へ引き返すには及ばない、ケープタウンまで来たのであれば、世界一周のほぼ半分を達成したのだから、残りの半分を続けた方が遥かに容易であり、達成感がある。そして地球を半周したヨットマンを素人とは言わないと記した。それに続けて、シケのシノギ方、入出国手続きの方法等を書き送った。

　その後、連絡は途絶えたが、順調に世界一周の航海を続けていることを雑誌等の記事で知らされていた。パナマ運河を越えてから、行きがけの駄賃のように南太平洋へ大迂回して、無事、日本へ帰着した。

1973年11月3日、世界一周を目指し、能崎船長、西田周三氏、高野芳春氏の3人を乗せて横浜を出港した〈そらとぶあひる〉（写真提供：朝日新聞社）

　帰国後に彼ら2人に会う機会があったが、艇長が途中帰国した事情について、話題にはならなかった。私には想像できるのだが、諺に言うところの「3人で旅をするな」をそのまま実践したのではなかろうか。艇長は2対1の弧立する側になったのであろう。また、素人2人を引っ張って航海を続けることに疲れたのかもしれない。

　私の世界一周航海も同様に男性3人のグループであったが、ほぼ2年間、一度も喧嘩、口論をすることがなかった。仲間割れを避けるために

取った方法は特定の個人に負荷がかかり過ぎないように全ての作業を交代制にしたこと、人間関係がまずくなる兆候が出た時は飲み会を開いたことである。呑みニュケーションが意外に効果的であった。艇長の私が孤立しないように取った方法は自己主張をおさえたこと。私には、物事にかくあるべしという形がない。身の周りで起こる多くのことはどちらでも良いことと考えることにしている。人間、大切なことは一つで充分。世界一周航海をしている時、唯一の大切なことは、全員で世界一周を完成することだった。

ティモール 2009年12月22日

　この時節、寒さへの対処法として熱帯地方で過ごした日々を思い浮かべることにしている。世界一周航海の2年間のうちの半分以上は海の上を走っていたのだが、暮れから正月にかけてはたまたま寄港中だったので、二度に渡って陸上で新年を迎えることができた。最初はインドネシア近海のティモール、二度目はブラジルの東端の街、レシフェであった。

　当時、ティモールといっても日本ではほとんど、その存在さえも知られていなかった。私たちが寄港した2年後に内戦が勃発してニュースになることが多くなり、ある報道機関から私たちが撮ったティモールの写真の提供を求められたほどである。現在では内戦が終結して東ティモール共和国となっているが、寄港した当時はポルトガルの植民地であった。

　ヨーロッパ諸国の植民地といえば、町並みがヨーロッパ的に整備され文化の香りが街の方々で感じ取られる雰囲気を想像していたのが、見事に裏切られてしまった。ほとんど何にもない島だった。総督府の建物、一

| 第7章 | あひるの世界一周航海

つだけの銀行、商品がほとんどないスーパーマーケットと軍隊の施設、あとは東南アジア諸国に見られるニッパ椰子の葉で屋根を葺いた住居が見られるだけであった。

　当時のティモール島は東の半分はポルトガルの植民地であり、残りはインドネシア領であった。このことが後の内戦の火種になるのだが、町にいるポルトガル人は少数の役人と軍隊だけだった。

　大昔にティモールが歴史の舞台に登場したことがある。有名な英国軍艦〈バウンティー〉号の反乱の後、ブライ艦長と数名の水兵が乗った小船が漂着したのがティモールである。ポルトガルは数百年間の植民地支配の間、ほとんど資本投下をしてこなかったように思えた。同じ植民地であっても宗主国によって、随分と状況が異なることを、後に訪れた国を見聞した時に思ったものである。

　ティモールへ寄港を決めた私たちの動機は燃料、特に炊事のためのプロパンガスを補給することであった。日本を発って約２カ月間、10kgのガスボンベ２本のうちの１本がなくなりかけていた。インド洋横断を控えている私たちはなんとしてもプロパンガスの補給をしたかったのである。結果的にはティモールでのガス補給をあきらめて、近くのオーストラリアのダーウィンへ寄り道して補給することになった。

　ティモールの首府、ディリの港に入港したのは真夜中、珊瑚礁の浅瀬を避けながら、一つしかない灯台を頼りに岸壁近くまで進入して投錨、夜明けを待った。陸上には照明がほとんどないので、車のヘッドライトが照らす景色しか見えなかったが、私は初めて見るであろうヨーロッパ的な風景への期待が高まって、一睡もしないまま夜明けを迎えた。昼過ぎになってようやく検疫官が手漕ぎのボートに乗って来船、通関は私が検疫官とともに上陸して手続きをした。上陸したついでに、仲間に冷えたビールを持ち

帰ろうとして通貨交換してビールを買い、ヨットに戻るためのボートを待っているうちにビールが温まってしまい、ささやかなプランが台なしになってしまった。

　ディリの港は珊瑚礁の浅瀬を利用したもので防波堤はなく、いきなり係留岸壁になっていた。外国から来たヨットは通関終了後であっても岸壁から200m以上の距離を離して、沖に停泊しなければならない。搭載していたゴムボートがパンクした後は、毎回、大井川の川渡りのように衣類を頭にのせて泳いで陸へ渡ることになった。

　港の近くに観光案内所があったので、時々訪問してポルトガル人女性と英語で会話して島の見所がないかを聞くのだが、原始そのままの自然があるだけとの答えが返ってくるばかりだった。

　滞在中に沿岸交易の小型商船が入港してきたことがあった。シンガポール船籍で、華僑の一家と数人の船員が乗る船で、何度か船に招かれた。船尾のキャビンは見晴らしの良いリビングになっていて、私たちは家族団らんの暖かさを味わうことができた。

　新年を挟んで一週間ほどのティモール滞在であり、当時は殺伐とした印象しか持てなかったにもかかわらず、今となっては懐かしい。

ニューギニア 2010年3月5日

　ここに一冊の本がある。ちょうど読み終わったばかりだが、大いに感動した。書名は「ニューギニア水平垂直航海記」。著者は現役の女性プロ歌手である。男性3名、女性1名のグループが日本からヨットでニューギニアに渡り、大河をさかのぼり、オセアニア第一の高山登頂を目指すので

第7章 あひるの世界一周航海

ある。途中で男性2人が脱落するが、富士山より遥かに高い山に登頂を果たした後、復路は船長と著者の2人で無事日本へ帰着する。大部分の時間は陸地での活動に費やされるが、航海以上に壮絶な内容である。

なぜ、ニューギニアなのか。私にとって喜んで行く気になれない島が世界中で2カ所ある。第一がカリブ海に浮かぶハイチである。今年の正月に巨大地震が発生したハイチというのはヨットマンだけでなく、一般の観光客ににとってもあまり立ち寄りたくない島である。海外のヨット航海記を探しても、ハイチに寄港したヨットの話は聞いたことがない。怪しげな呪術が今でも存在して、島全体から妖気が立ち上ってくるイメージがある。

もうひとつ、ニューギニアについてもカリブ海のハイチと同様のイメージを持っていた。島の形はトカゲのようで不気味であり、マラリヤなどの熱帯病が猛威を振るう地であり、現在でも人食い人種が活動している地であると思っていた。

読後も私の印象は変わっていない。相変わらず、強いて行きたくない島である。戦時中に、数十万人の日本の兵隊が渡った島にもかかわらず情報が極めて少ないのである。文中にも「ジャワの極楽、ビルマの地獄、死んでも帰れぬニューギニア」と、あった。15万人以上の日本兵が亡くなったとされているが、ほとんどは戦闘以外の熱病や飢餓による死亡である。戦後、日本に生還した兵士が極めて少数であったことが、情報の少なさにつながったと思われる。

しかしニューギニアに関して、世界史好きの私には興味深いことが数々ある。ニューギニア島の真ん中に明らかに人工的と思われる南北に引かれた国境線がある。国境線の東がパプアニューギニア領、西側はインドネシア領パプア州(以前の呼称はイリアンジャヤ州)となっている。過去にはヨーロッパ諸国のつかみ取りの場となったところである。この国境線は

ほぼ、東経141度である。

　大昔の1529年のサラゴサ条約によって、スペインとポルトガルの領土区分として、ローマ教皇が行った調停の産物である。1494年にアメリカ大陸、アフリカ大陸の区分について、トルデシリャス条約によってスペイン、ポルトガルの間に合意が成立していた。両国による新大陸の争奪戦に幕を引く目的だったが、マゼラン艦隊の世界一周航海によって事情が変わった。西経60度付近に南北の線を引いて東西にわけたが、地球が丸いと分かったことによって、もう一本の区分線が必要となったのである。当時は正確な緯度、経度の概念がなかったので、両条約の区分線は経度表示されていない。

　さらに当時、ポルトガルはマカオやモルッカ諸島を領有していたので、この線引きによって領有を確定しようとした。やがてポルトガルはオランダによって追い出され、スペインはドイツ、英国に追い出されたために、ニューギニアの東半分はイギリス、西の半分はオランダ、後にインドネシア領となった。

　この東経141度の経度線を真っ直ぐ北へ伸ばすと、房総半島に達する。もしもスペイン、ポルトガルの力が衰えることがなかったら、日本は房総半島付近で東西に分割されて、東がスペイン領、西はポルトガル領もしくはオランダ領になっていたかもしれない。

　私たちの世界一周航海の途中、日本から南下してインド洋に出る際、ニューギニアに近づかないよう、その西にあるハルマヘラ島のさらに西側のジャイロロ水道を通過した。

　ともあれ、先の航海記に戻ろう。私がこの航海記に感動した理由の一つは、ヨット上でも山岳地でも著者が生活の詳細、特に生理現象を小気味の良いくらいにアッケラカンに書いていることである。通常、ワイルドな

第7章 | あひるの世界一周航海

環境での生活を記述した女性の紀行文では生理現象についての記述が遠まわしだったり、記述を避けることが多いが、ゲロや下痢、生理の話が方々に出てくる。著者が愛用したとされる尿瓶についてもイラスト入りで詳細に説明している。

女性がヨットに乗ると、男性側においても気を使わねばならないことがある。女性にとってはヨットだけでなく、ワイルドな環境で生活すること自体が大変である。だからといって、いろいろなチャンスから遠ざかることがあってはならない。女性が屈託なくヨットを楽しむことができるようになるには、どうしたらよいか。ニューギニア航海記はこれらの問いに対して大いに示唆を与える一冊であった。

デューティー・ファースト 2010年5月26日

ヨットで世界一周航海をすると、方々の寄港地で外国人ヨットマンと親しくなる機会が多くなる。ヨットマンによって国民性の違いのようなものを感じたことがあった。フランス人やアメリカ人は比較的に開っぴろげで陽気な人が多いが、イギリス人はライフスタイルのようなものを頑なに守ろうとしている人が多いと感じた。意外なことにはイギリス人はヨーロッパの人たちから嫌われている。

ブラジルの北東部にあるレシフェに寄港した時、たまたまイギリス人のシングルハンダーと一緒になった。同じ日に出航することになったために、私は彼と一緒に出港許可証（クリアランス）をもらうために現地の税関へ出向いた時の話。厳しい暑さの中延々と歩いて税関の庁舎にたどり着いた。入り口には長い石段があり、人を威圧するような白亜の殿堂のよう

な建物であった。

　私はスンナリ入ることができたが、イギリス人は門衛によって引き止められてしまった。私の手続きはすぐに済んだので、入り口で彼に会って訳を質すと、半ズボンでは役所への出入りはできないと言う。それではということで、お互いのズボンを取り替えることにした。お役所の入り口に通じる長い石段の途中でズボンを脱ぎ始めたら、銃を肩にした門衛がすっ飛んできた。訳を話すと、脇にある宿直室のようなところへ通されて、着替えはそこで行うように指示された。

　このような事態になった時、私の知るアメリカ人やフランス人ならば、大声でわめきだして、門衛にスジを曲げさせようとするだろう。イギリス人の彼は淡々としていて、その事態を楽しんでいるようにすら見えた。私ならば多分、イギリス人の態度にならうだろう。

　私は以前からイギリスの海洋冒険小説を好んで読んでいたので、イギリス人に対する興味は人一倍強いと言える。個性的であり、偏執狂的な人物も多く登場する。総論的に言えば、ジョンブル魂と言われるのだが、これだけでは全くその実態は見えてこない。

　過去に私が映画、小説、新聞やノンフィクション等から見聞した知識をもとに、各論的な方向から述べてみたい。

デューティー・ファースト

　チャールズ皇太子がダイアナ妃との離婚騒動で評価を下げる中で、イギリス国民の中に王室はいらないのではないかという風潮が高まったことがあった。そのような時、エリザベス女王は四面楚歌の中、淡々と公務をキッチリこなされた。義務を最優先にするその姿が国民から評価されて、王室不要論が急激になりを潜めてしまったという。ネルソン提督がトラ

ファルガー沖海戦を前にして発信した有名な信号、「各自がその義務を果たすことを期待する」に通じるものがある。

義務には生まれながらに持っているものや立場によって生じるもの、契約や約束によって発生するものもあるだろう。イギリス人は義務を果たすことを最大の徳目としているのである。

セカンド・ファースト

この言葉は一般的には知られていないが、私はイギリス人を形容するためには適したものと思う。分かりやすくするとすれば、「セカンド・バット・ファースト」の方が良いかもしれない。

すなわち、「完璧なものを求めることができなければ、次善のもので間に合わせよう」という考え方である。この言葉も船乗りらしい考え方であると思う。船の上では常に的確な判断を求められる。百点満点の答えでもタイミングを外すと、役に立たない。60点の答えでもタイミングに間に合えば、立派な正解である。日本人は逆に、拙速を嫌い、最初から完璧を求めたがる傾向がある。小泉信三がイギリス人について書いた随筆の中で、「イギリス人は歩きながら考える」と言っている。物事を実際に進めながら、改良を加えてゆくやり方を表している。

この言葉を表すイギリス人の有名なエピソードを紹介しよう。

第二次世界大戦が始まる頃、イギリスのレーダー技術はドイツに大きく水を開けられていた。ドイツ空軍が来襲してもほとんど盲目状態で、民間の有志による防空隊の目と耳による監視にも遅れをとる状態であった。ヨーロッパ大陸を席巻したドイツ軍がイギリス本国へ本格的に侵攻しようとして、バトル・オブ・ブリテンが開始されるのだが、当時のイギリスの

レーダー技術では飛行機が存在することが分かる程度のものだったらしい。方位、距離、高度の測定や敵味方の識別も困難だったので、タイミングがずれたり同士討ちが頻繁に発生したようだ。

ワトソン・ワットという名の技術者がリーダーとなって、レーダーの開発に取り組み、まずは低い技術レベルのレーダー装置を英仏海峡の沿岸に設定することから始めて、徐々に改良を続けた。本格的な戦闘が始まる頃には、ドイツの爆撃機群の位置、高度、針路、速力も判断できるようになったので、イギリス戦闘機群はドイツ空軍機の行く手上空で待ち構えていられるようになった。バトル・オブ・ブリテンは第二次世界大戦のターニングポイントと言って良いだろうが、この戦闘をものにしたイギリスは最終的に戦争に勝利するのである。

私はイギリス人に倣って、この二つの言葉、デューティー・ファーストとセカンド・ファーストを日常の行動指針としたい。

二足のわらじ 2010年12月22日

時々、素敵な生き方をしている方々にお目にかかることがある。

先月、下田で私の郷里の富山県から訪ねて来られたボーイスカウトの指導者にお会いする機会があった。来春にボーイスカウトの年長組にヨットでの研修をするための下見を兼ねた訪問であった。富山〜下田間、週末を利用しての強行軍の旅であったが、疲れも見せず闊達な意見交換ができたと思っている。3名の訪問者のそれぞれは数十年にわたり、ボーイスカウトの指導者として、青少年の育成に努めてきた方々であった。本業の合間を利用してのボランティア活動といっても、年間に数十日も家

第7章 あひるの世界一周航海

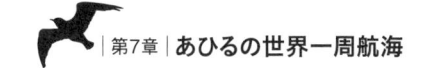

を空けなければならないことを考えると、大変なことと思う。本業以外の時間を全て注ぎ込んでのボランティア活動だろうと想像できる。

　もう、一件。最近、読んだ本に「天地明察」がある。主人公の渋川春海は江戸期の将軍に碁を打つことによって仕える幕臣でありながら、天文学、数理や暦に明るいことから、日本独自の画期的な暦を創出するのである。渋川春海の名は今日では本業である囲碁の専門家というより、余技の分野であった天文学や暦で有名である。

　本業のほかに、もう一つの活動分野を持つ人が生き生きとされているのを見るにつけ、二足のわらじを履く生き方について考えてみることにした。しかも、このことはヨットをやることに関しても参考になるかもしれないと思ったからである。

　まず、本業から。生活の糧を得る手段が本業だとすると、本業を選んだ理由は、最も得意な分野であることや親の生業を継いだことによる場合もあるだろう。本業に費やす時間は元気で生きている時間のうちで圧倒的な部分を占めているわけだから、充実した時間であるべきと思う。しかし、誰もが希望通りの本業に就くことは不可能といっていいだろう。競争もあるし、報酬の多寡、将来性、業種の適合度や達成感等がぴったり合うことはめったにない。いわば既製服のスーツを選ぶようなもので、ある程度はサイズやデザインを選ぶことができても、100％合致するとは限らない。合わない部分は妥協せざるを得ない。

　本業は生きるための方便と割り切って、二足目のわらじの部分に自己の可能性を見出す人も多いのではなかろうか。昨今は就職難の時代なので、希望が叶った職業に就くのは難しい。ましてや二足目のわらじを履く話にはとてもついてゆけないという方もいらっしゃるだろう。しかし、二足目のわらじにこそ、人生を豊かにするポイントがあるのではないかと思っている。

さて、二足目のわらじについて考えてみよう。二足のわらじを履いていると思われる人は意外に多い。二足目のわらじを分類すると、以下のようになるだろう。

①**報酬が期待できるもの**：サイドビジネス、アルバイト。アマチュアバンド、小説家、スポーツ選手など将来のプロを目指すもの。資格取得のための勉強。
②**立場上や半ば強制的なもの**：家族の介護、子育て。
③**報酬は期待できないが、本人の好みや生きがいであるもの**：習い事。ボランティア活動（ヨットはこの範疇に入る）。

　中途半端な気持で二足目のわらじを履いても成果が上がらず、くたびれもうけとなって、やがて本業だけの生活に戻ってしまう場合、またはトーンダウンして、「たしなむ程度にやっています」という風になるだろう。これはこれで、他に迷惑をかけないで元の生活に戻るだけだから、良しとしなければならないだろう。

　二足目のわらじを真剣に履く生活を続けてゆくと、やがて本業と両立し得なくなってくる場合も往々にある。その時が人生の正念場でもあるのだが、私の例を参考にしていただくと、以下のようになる。二足のわらじは履くことができる限りは履いた方が良い。柿が熟して枝から離れるタイミングが訪れるまで待つべきと思っている。中途で、本業をすっぱりやめて、背水の陣を構えるという生き方があるが、極めてリスキーだろう。

　昭和40年代にヨットによる世界一周の先陣争いがあった頃、その当事者たちは20歳代後半から30歳代であった。それぞれが本業と世界一周のハザマで揺れ動いたことがあったに違いない。現在、ヨットで長距離

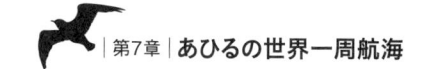

航海に出る人は年齢が上がって、リタイア後の人たちが多くなっているので、若い人たちとは別の揺れ動きがあるだろう。

　私自身の過去を振り返って思い出すのだが、世界一周を発起した時から、若かったゆえに多くの障害や悩みと格闘した。費用の調達のためには本業をおろそかにできない。長距離航海のための練習時間を確保するためには本業が邪魔になる。そこで、本業をやめた時点で生活費によって資金が減らないようにするため、速攻で日本出発を果たした。

　現在でも私の周囲には世界一周をしようとしている人がいて、時々、参考意見を求められることがある。片手間に準備をしていて、準備が整った時に出発するという方針で行動していると、途中で断念することになるのではなかろうか。

珊瑚礁のかなた　2008年12月3日

　寒い季節にはいつも思い出すシーンがある。南洋の島、月が照る砂浜で、心地よい潮風に吹かれながら海を眺めている。ヨットマンの多くが求めて止まない景色だろう。南洋の島の多くは環礁（リーフ）に囲まれており、内側は礁湖（ラグーン）になっている。礁湖の中は沖の波が入らないので、いつも静かだ。目が覚めるような海の色が懐かしい。

　数日前に友人のヨットマンのお通夜に出かけた時、環礁に絡んだ話を聞いた。亡くなったヨットマンは8年ほど前に、南太平洋を走航中にある環礁にぶつかり、ヨットは大破。その後、日本へ運んで修理を完了したが、その心労から寿命を縮めたようだ。

　美しく穏やかに見える環礁が恐ろしい危険を秘めている。私が知る限

り、日本を出帆した長距離航海のヨットが環礁と衝突して、航海を断念した例が過去に3件ほどある。幸いにも生命を落とした例がないのは良しとしても、夢が消える結果になるのは大きな痛手だろう。

　私が昔、パラオ島へ行った時、夜明けに島の北端をランドフォールした後、終日、椰子の木が生える砂浜を望見しながら島に沿って南下した。のどかで穏やかな景色にもかかわらず、近くでゴウゴウという瀬音が聞こえていたので、その正体を探るべく仲間がマストに登って見渡したところ、ヨットのコース上わずか数十メートルのところで海水が滝のように落ちているという。音の正体はリーフに砕ける波ということが分かった。リーフまで、ほんの10秒ほどで届くだろう。わずかなコースミス、操舵ミスで一巻の終わりにつながるだろう。

　海図にはリーフの詳細が記載されてないことが多い。珊瑚礁は毎年30cm以上も増殖するので、調査不能ということらしい。ましてや南太平洋の小さな島の周囲の水深など、世界の動向には影響がないということなのだろう。

そこにヨットがあったから　2008年9月2日

　なぜ、ヨットで世界一周をするのか？　世界一周の航海をしている時、他人から何度も同じ質問されたことがあったし、自問したこともあったが、これまで、自分が納得できる答えが見つからなかった。有名な登山家のジョージ・マロリーは山登りをする理由を聞かれた時、「そこに山があるから」と答えたが、私たちの場合は山を海に置き換えても、説得力がまったくない。私は世界一周後、30年以上も答えを求めて考え続けていた。

| 第7章 | あひるの世界一周航海

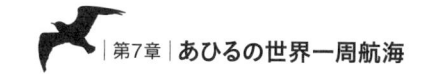

　人間の行動には目的があって手段があるのが普通であるが、なぜ、ヨットで世界一周したのか、ちゃんとした理由を見出せないでいた。人間の行動には全てにおいて、理由や目的が明確であるとは限らない。その場の衝動や熱い思いが行動を駆り立てる場合もあるのだ。世界一周に同行した西田周三君と高野芳春君は今でも、世界一周に参加できたことを感謝してくれるが、私こそが彼らに感謝したい。現在でも、私たち3人は世界一周の出来事を思い出すたびに心が満たされるのを感じている。人生における大きな宝をいただいたのである。

　横浜市民ヨットハーバー設立40周年記念の原稿執筆を機に、過去のさまざまなことを思い返していた時、これまで漠然としていた世界一周をした本当の目的や理由がいきなり見えてきた。「世界一周によって、自分の人生を自分のものにすることができたし、このことが目的だったのだ」と確信し、ようやく自らを納得させることができた。

　多くの人たちは自分の人生を生きているつもりであっても、家族のため、会社のため、お金のため、出世のためといった自分以外のもののために生きているのではないだろうか。また、知らず知らずのうちに既製品の人生を歩んでいないだろうか。誰もが自分自身の人生の主人にならなければならない。本当の自分の意志によって生きなければならない。

　お金にもならないことに命を懸けて、何年もかけて計画し、実行する。そこに、価値があると思っている。対象は山であっても海であっても宇宙であっても良かったのだが、私たちの場合、「そこにヨットがあったから」。

何でも見てやろう 2010年9月15日

　最近、疑問に思っていたことで、徐々にではあるが、分かりかけてきたことがある。なぜ、日本の若者はヨットで長距離の航海をやらないのだろうか？という疑問について考え続けてきた。

　世界一周などのニュースを見ると、その当事者は圧倒的に年配者が多い。私が世界一周に出かけた70年代の頃は、ほとんどが30歳代で、年配者は皆無であった。旅の途中で出会った外国のヨットマンを見ると、若者から高齢者まで幅広い世代が長旅を楽しんでいた。年配者が長距離航海を楽しむことは、これはこれで大変結構なことであるが、ある限られた世代だけが参加している現状はイビツな感じが否めない。現在の日本のヨットの世界における動向に特別な傾向が見られることから考えると、これは個人の問題ではなくて、社会現象と捉えるのが適切だと思うようになった。

　ヨットで長距離航海を実践するためには時間的、経済的な余裕が必要と思われる。リタイアした方々には両方が備わっていて、苦労して歩んだ人生のご褒美のような一面も見ることができる。私もほぼ同年代なので、彼らの気持ちがよーく理解できるつもりだ。体力に自信があれば、人生もう一勝負できると思うのが当然である。ヨットには全く門外漢であっても5年から10年の時間があれば計画を完結することができるのだから、ほど良い時間の長さといってよいだろう。

　私の若い時代は終身雇用制や年功序列制が今よりもしっかりしていたので、中途で会社を飛び出すことは難しかったかもしれない。

　さて、今、若者を取り巻く情勢はどうであろうか。

　顕著なのは雇用環境が厳しくなっていることだ。就職氷河期は過去の

第7章 あひるの世界一周航海

話で、今や超々氷河期と呼ばれている。今年4月時点で就職を希望しながら就職できなかった4年制大学出身者が87,000人いるとか。全体の就職率が7割を切っているようだ。バブル崩壊、リーマンショック以後、企業の生産が最盛期に比べて平均30%落ち込んでいる。

　また、生産拠点を海外移転したために起きた雇用機会の減少に加え、価格競争力を維持するためのコスト削減で人件費がターゲットにされている。定年退職による自然減が発生する一方で、非正規雇用を増やし、新卒者の採用を抑制することによって、人件費を削減している。多くの職場では年功序列制が崩れて、成果主義を採用したので、就職と同時に即戦力として働かざるを得ない。職場では毎日が試用期間のようなものかもしれない。

　しかも在学中からこれらの緊張が持続しているのである。学校では文科省の指導でキャリア教育が行われていて、すでに2年生在学中に就職活動が始まるそうだ。

　小泉改革の規制緩和策によって派遣労働の業種が緩くなり、働く機会の形態が多様化したので、労働者にとってはオプションが増えたはずであるが、現実には情勢の変化にともなって、安定を求めて正社員への道に殺到しているありさまである。一旦、正社員になれば、会社と運命を共にする姿勢で働かざるを得なくなっているのかもしれない。

　私が若かった当時は、若者は職場ではそれほど期待されていなかったし、重要な仕事をさせてもらえなかったように思える。与えられた領分の仕事をキッチリこなせば、アトは自由であった気がする。いわばモラトリアムの期間だったかもしれない。

　さらに、現在、雇用以外の環境においても厳しくなっている。若者をターゲットとする産業が拡大しつつあり、巨大集金マシーンの餌食になっ

ているのである。携帯電話、ゲーム、ビデオレンタル、オーディオ設備、ファッション、エステ等。可処分所得のかなりの部分が消えてしまうのである。

　私は20歳代前半で世界一周を決意してからは、年次有給休暇を目一杯とって、ヨットに明け暮れた毎日であった。衣・食にかかる費用以外は全てヨットのために支出することができた。

　当時、私が思っていたことは、人生にも起承転結があっても良いではないかということ。生まれて、学校を卒業するまでが起、就職して働くことが承、わき道に逸れるのが転、そして人生の結末が結である。自分の人生をプランニングすることもよろしいのではないかと思う。大切なことは自身の人生に関してのフリーハンドを持つことだ。

　私は若者がヨットをやらないことを憂いているのではない。70年、80年代には、日本の若者がバックパッカーとなって世界中に溢れていた。ヒッピーが流行り、ドロップアウトが若者のスタイルでもあった。1961年に出版された小田実さんの「何でも見てやろう」が若者たちのバイブルであった。さらに、五木寛之さんの「青年は荒野を目指す」、「さらばモスクワ愚連隊」が多くの若者に読まれた。若者が外の世界に限りない憧れを持っていた時代である。

　若者にチャレンジ精神がなくなることが、将来、日本国にとって痛手となるだろう。

　私は若い人たちに提言したい。就職は人生の一大事に違いないが、それが全てではない。もしも希望に適う就職ができなくても悲観することはない。それをチャンスと捉えて、時間ができたら思い切って日本を飛び出してみて欲しい。そして、貧乏な旅が望ましい。自身の人生を見つめ直す機会にもなるし、運がよければキャリアアップとして評価されるかもしれない。

ネジ巻き時計の人生 2011年2月16日

　月日は百代の過客にして、行きかふ年も又旅人也。舟の上に生涯をうかべ、馬の口とらへて老をむかふる者は、日々旅にして旅を栖とす。古人も多く旅に死せるあり。予もいづれの年よりか、片雲の風にさそはれて、漂泊の思ひやまず。

　松尾芭蕉の「奥の細道」冒頭の一節である。

　たとえ旅路の途中で死んでも天命であり、悔いはないと覚悟を誓っての旅立ちだった。芭蕉、この時45歳。人生50年と言われた時代なので、今で言えば60歳代後半にあたるだろう。実際に芭蕉は50歳で亡くなっている。

　当時の旅行事情は現在とは比べものにならないくらいに悪くて、全旅程2,400km、7ヵ月間足らずの国内旅行であったが、生還は期しがたく、水サカズキを交わしての出立であっただろう。

　芭蕉が旅の出立に至る過程において、ためらいや懊悩があったことが容易に想像できる。「やるなら、今しかない！」という勢いがなければ、とても出立できるものではない。背中を押してもらうために、芭蕉は中国の古典に助けを借りたのではないだろうかと思われる。例えば「奥の細道」冒頭の「月日は百代の過客」は李白の詩からの引用であり、旅の途中では句の中に中国の美女である西施が登場したり、陶淵明などの中国の文人たちの詩文から力をもらっていただろうと想像できる。

　前途にどのような危険が待ち構えているか分からない旅に出発するという点では、ヨットで世界一周に出帆する時の気分に通じるものがあると思っている。

　ヨットは安全だと分かっていても、ともすれば安易な方向に流れようと

する自分との戦いになる。

　私は20歳代の時、世界一周を志した時点から、本を乱読した覚えがある。古今の思想家の言を借りて、自分の意志をバックアップすること、未熟のままで生を終えるかもしれない恐れに対しての悪アガキであったかもしれない。時々、心に響く文章に出会うと、大きなスケッチブックに写して、繰り返して読んでいた。時には、全ての計画を投げ捨てれば、何もなかったかのように、「一介のサラリーマンでござい」と言って、安全・安心の人生を送れるのではないかという誘惑にも駆られたことがあった。

　さて、別の話をしよう。欧米のヨットマンたちにも同様なためらいがある。年間に何百、何千というヨットが大洋横断や世界一周に出かけている欧米ヨットマンにも同様な屈託があることが想像できる。私が世界一周をしていた頃に数人の欧米ヨットマンから何度も聞いた言葉、その言葉が彼らの背中を押してヨット旅行へと旅立たせているのではないかと思われる。

「人生は一度しかネジを巻くことができない時計、明日にもネジが切れて止まってしまうかもしれない」

　時計を登場させて今の瞬間の大切さを説くあたりは、より直接的な表現ではあるが、芭蕉の決心を促した言葉と似たものがある。

　日本では昔から言われているように、出帆できれば、80％その航海が成功したに等しい。出帆するためには勢いが必要だ。宇宙ロケットの発射を成功させるための地球脱出速度のようなものだろう。

| 第7章 | あひるの世界一周航海

在りし日の能崎船長。その眼差しの先にある未来のヨットを取り巻く環境、そして人生の姿は、どんなものだったのだろう

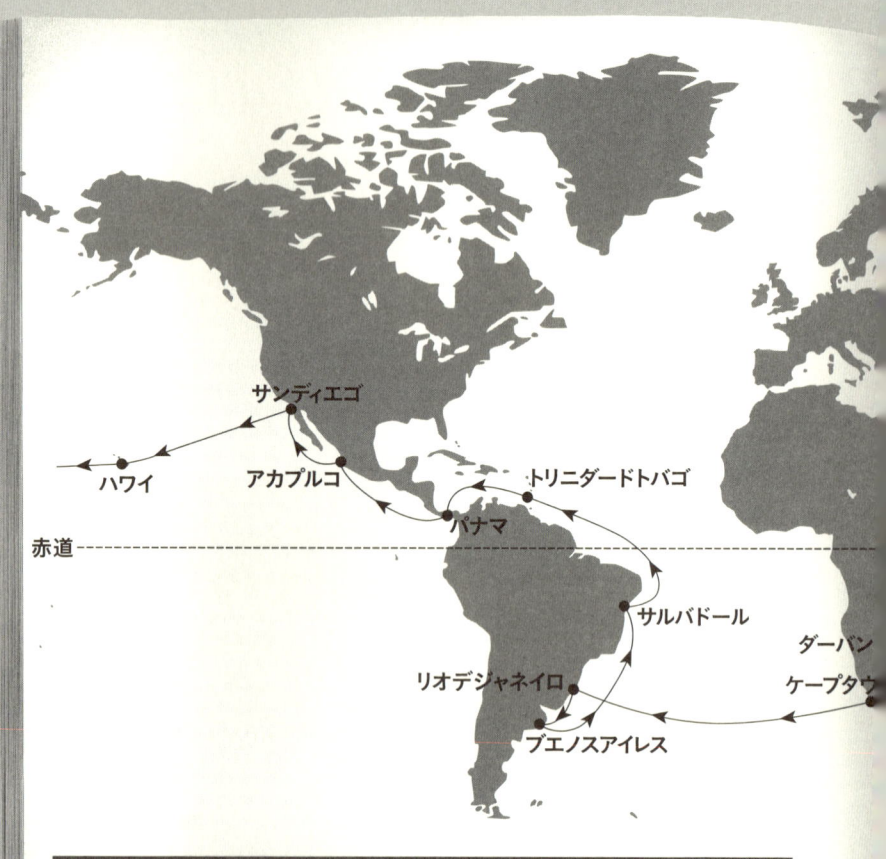

〈そらとぶあひる〉 1973-1975

世界一周航海へ

　1973年から1975年にかけて〈そらとぶあひる〉で世界一周航海をした能崎船長と西田周三氏と高野芳春氏の3人は、国鉄（現JR）に勤務する同僚であった。工事局という部門で、能崎船長は事務、西田氏は土木、高野氏は建築の業務に就いていた。年齢は能崎船長、西田氏、高野氏の順に1歳ずつ違う間柄だった。

　3人とも国鉄に入るまでヨットの経験はなかったが、能崎船長が神奈川県・辻堂の寮でディンギーの自作を始め、同じ寮にいた西田氏が興味を抱いて参加した。その後、能崎船長と仲間は23ftのクルーザーを購入。そのころには高野氏を含む複数の同僚が、能崎船長のヨットに関わるようになっていた。1960年代後半のことである。23ft

● 主な寄港地

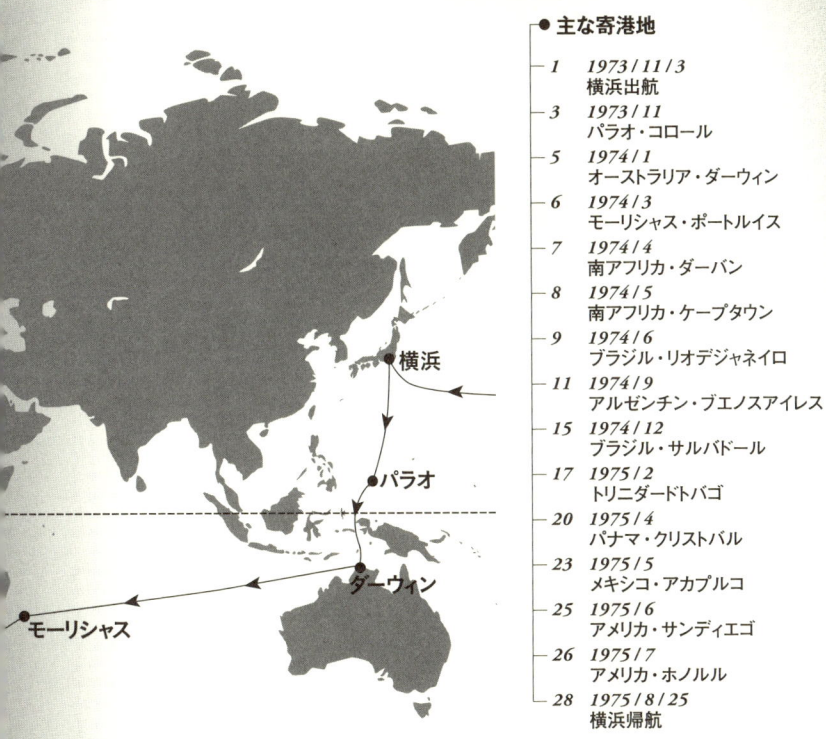

- 1 　1973 / 11 / 3
　　　横浜出航
- 3 　1973 / 11
　　　パラオ・コロール
- 5 　1974 / 1
　　　オーストラリア・ダーウィン
- 6 　1974 / 3
　　　モーリシャス・ポートルイス
- 7 　1974 / 4
　　　南アフリカ・ダーバン
- 8 　1974 / 5
　　　南アフリカ・ケープタウン
- 9 　1974 / 6
　　　ブラジル・リオデジャネイロ
- 11　1974 / 9
　　　アルゼンチン・ブエノスアイレス
- 15　1974 / 12
　　　ブラジル・サルバドール
- 17　1975 / 2
　　　トリニダードトバゴ
- 20　1975 / 4
　　　パナマ・クリストバル
- 23　1975 / 5
　　　メキシコ・アカプルコ
- 25　1975 / 6
　　　アメリカ・サンディエゴ
- 26　1975 / 7
　　　アメリカ・ホノルル
- 28　1975 / 8 / 25
　　　横浜帰航

※左の数字は寄港地に順番に付けた番号

艇で伊豆大島への航海などを続けているうちに、「もっと遠くへ!」「世界一周へ!!」といった若者たちの想いが膨らんでいった。

　その想いを形にするために、3人のほかに2人の同僚も加えた5人の共同出資で〈そらとぶあひる〉(SK31) を発注。渡辺修治設計、加藤ボート (神奈川県横須賀市) 建造のセミプロダクション艇で、追加工事を含めると700万円ほどの費用がかかった。これは当時「新築マンションが買える程度の金額」で、若いサラリーマンたちが給料のほとんどを注ぎ込まなければ足りない金額だったが、夢を実現させるためのものと思えば気にならなかったらしい。1970年に進水し、長距離航海に向けて艇と人のレベルアップを図る時期を過ごした。

　そして1973年11月3日、国鉄を退職した前記の3人を乗せた〈そらとぶあひる〉は、

1975年8月25日に帰航した〈そらとぶあひる〉。背後に見えるのは東京湾の観音崎灯台だ（写真提供：朝日新聞社）

西回り世界一周を目指して、母港である横浜市磯子区の横浜市民ヨットハーバーを出航した。その時、能崎船長は29歳。練習航海や、定期航路の船に乗り込んでの天測実習など準備に数年かけており、決して無謀な挑戦ではなかったが、まだ世間からは「生きて帰ってこられるのか」と見られても仕方のない時代であった。

1年10カ月に及ぶ航海の主な寄港地は別記のとおりである。GPSなどあるわけもなく、船位はすべて六分儀を使った天測で出した。衛星通信で気象情報を得ることなどできないから、気象・海象の判断は気圧計とパイロットチャートの説明と観天望気だけで行った。ケープタウン沖でフォアステイ破断、アルゼンチン沖でサイクロンに遭遇……といったトラブルはあったが、死を覚悟するような出来事はなかったという。

とはいえ、31ftである。今のハイテク大型化したヨットによる長距離航海の内容とは、まさに隔世の感があるに違いない。しかし3人ともそれを苦とも思わず、むしろ「大いに楽しんだ」というのだから、そこには「自分たちの手段で世界を回って、何でも見てやろう！」という気概を持つ若者の情熱があふれていた、と言っていいだろう。

〈そらとぶあひる〉の能崎船長

〈そらとぶあひる〉のメンバーがよく聞かれるのが「狭いヨットに男が3人、顔を突き合わせての2年近い航海で、ケンカはしなかったのか？」という疑問である。それが、しなかったのだそうだ。彼らの人間関係の良さは、航海が終わってから今に至るまで、ずっ

〈そらとぶあひる〉1973-1975

と親しく交流を続けていることからも分かる。航海中は各人が得意とする業務で役割分担ができ、それぞれの"立場"が確保されたことが良好な人間関係に寄与したというが、基本的には3人とも相手の気持ちを推し量る気配りのできる方なのだと思う。

　それでも、円満に航海を続けることができた理由を探してみると、能崎船長の人柄、人徳といったものが浮かび上がってくる。最年長かつ船長だから序列はトップだが、上からの力で支配しようとはしない。しかしリーダーとして必要な判断は下す。これは後年、能崎船長が〈翔鴎(かもめとぶ)〉の上でもクルーたちに示していた姿勢と重なるものといえるだろう。

　また能崎船長の物怖じしない、人見知りしない性格は、寄港地でのコミュニケーションで功を奏したようだ。語学は堪能とまではいえないものの、元々知識の豊富な人だから、政治、経済、文化とあらゆる話題について自分の意見をはっきり述べる見識がある。現地のヨットクラブが歓待のパーティーを開いてくれれば喜んで参加し、飲み交わす相手の大男が酔い潰れてもまだシラッとしている酒の強さも発揮。また折にふれて、学生時代に身につけた柔道を現地の人に教えた。

　さて、いま記した能崎船長の知識の豊富さ、博覧強記ぶりについては、本書をここまで読み進めてきた読者の方に説明する必要はないだろう。大変な読書家であり、文系の出身でありながら理科系の話題にも理解を深め、縦横無尽に物事を考察する能崎船長の知性は、十分に感じていただいたと思う。西田氏は、能崎船長のことを「Walking Dictionary」と評した。

　安定した職を捨ててヨットで世界一周に出る大胆さを持ちながら、行動力だけではない知性と思索の姿勢も併せ持つ偉才の人——。能崎船長の人としての魅力を十分に言い表す言葉は、簡単には見つからないのかもしれない。

能崎船長とともに〈そらとぶあひる〉で世界一周航海をした西田氏(左)と高野氏。1975年の帰国後、2人は国鉄に復職した。その後の3人の関係も良好で、実は〈そらとぶあひる〉は現在も高野氏が中心となって乗り続けられている。「これからのヨット界でもっとやりたいことがあっただろうに、残念です」(西田氏)、「〈翔鴎〉を助けたい一心だったのだろうが、命を守って欲しかった」(高野氏)と、能崎船長の死を悔やむ

この稿は、西田周三氏と高野芳春氏のインタビュー、ならびに〈そらとぶあひる〉帰港後に発表された雑誌記事などの資料を基に構成した（文責：舵社クボタヒデヤ）

あとがき

　能崎船長のブログを一冊の本にまとめたらどうかという話は、2012年10月、下田のホテルで行われた「能崎船長を偲ぶ会」の席で持ち上がった。このブログは、これからヨットを始めようとしている人やシーマンシップを磨こうとしている人たちにとっては、具体的、実践的で大いに参考になる内容であった。単なるハウツーものではなく、また独りよがりのエッセイでもない、タメになって面白いものだった。それが、能崎船長の死によってヨットスクールのホームページと共に消えてしまうのではあまりにももったいない。今回、舵社からこのような形で出版されることになったのは、幸いなことである。

　編集について、まずお断りしておかなければならないのは相当の分量にわたるブログを編者の独断と偏見でバッサリ削ってしまったことだ。能崎船長の興味の対象は幅広く、またその博覧強記はお墨付きである。中には、ヨットと茶の湯や柔道との関係に話が及び、クルージングに精神性を求めている興味深いものもある。また、得意の料理の話や、読書家だった船長の感想文などウンチクに富む数々の話も、紙幅の都合で多くは残せなかった。ただただお許しいただくしかない。

　ブログは、ヨットスクールを経営する「海洋計画」の公式ホームページに掲載していたため、登場人物はほとんどが仮名であった。しかし、より具体的な内容にするため、登場されたご本人や関係者からできる限りお話をうかがって事実関係を確かめるとともに、実名化の承諾をいただいた。もし、事実関係などに誤りがあるとすれば、確認が及ばなかった編者の責任である。

　ブログを何回となく読み返し、関係者に取材をする編集作業を通じて、能崎船長が伝えたかったことが分かるような気がしてきた。能崎船長は若い時分に職を投げ捨ててヨットで世界一周に出かけた自らの人生の意味を問いつつ、その一方で若い人々には海を目指す希望や勇気を与え続けてきた。

ヨット界における「シャペロン」（社交界にデビューする女性の付き人を意味するフランス語）を自認する能崎船長は、事実、多くの若い人たちに手ほどきして海に連れ出した。また、定年退職後にヨットの操船を覚え、新たな生きがいを得た元気な中高年も多い。そうした人たちの中には、いつか自分でも小笠原や南太平洋に行ってみたい、できることなら世界一周を目指したいと思っている人たちもいるだろう。能崎船長は欧米のことわざを引き、彼らの背中を押している。

「人生は一度しかネジを巻くことができない時計。明日にもネジが切れて止まってしまうかもしれない」。大きな夢を持っていても、そのままではいつまでたっていても成就しない。本当に望むのならば、どこかで船を出すしかないのだと。

　そして、自らを振り返って、「自分の人生を生きているつもりであっても、知らず知らずのうちに既製品の人生を歩んでいないか」と問い、「自分自身の人生の主人にならなければならない。本当の自分の意志によって生きなければならない」と自らにも言い聞かせようとしている。

「シーマンシップ」という言葉は、本来、「習得すべき操船技術」とか、せいぜい「あるべき船乗りの姿」というような意味らしい。しかし、能崎船長のブログをまとめていて、少なくとも能崎船長の「シーマンシップ」とは、それだけでは言い表せないもう少し奥深いものだったのではないかと感じている。私は、天文航法を知りたくて能崎船長のところに通ったが、「実践ヨット塾」を通じて単なる帆走技術以上のものを教えてもらったと思うのは、私だけではないだろう。

　末尾ではあるが、この本のプロデュースを引き受けてくださった舵社のクボタヒデヤ氏に謝意を表したい。

編者　髙木 新（海事ジャーナリスト）

〈翔鷗〉について

2013年夏、〈翔鷗〉は国内のオーナーに譲渡され、
新たな活躍の場を目指し、再出航した。

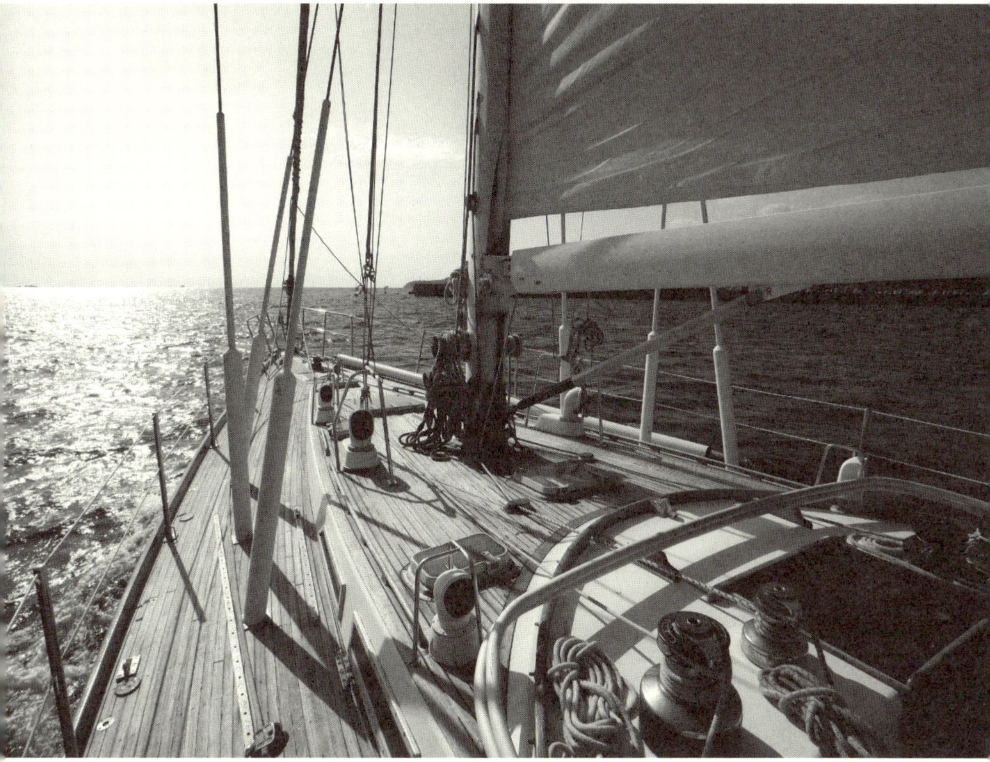

能崎知文（のうざき・ともふみ）

1944年（昭和19年）、富山県生まれ。横浜国立大学を卒業後、国鉄（現JR）入社。ヨットに興味を持ち始め、ディンギーを自作。1973年11月、ともに国鉄を退職した西田周三、高野芳春両氏と、〈そらとぶあひる〉（SK31）で横浜を出航し、1年10カ月をかけて西回り世界一周航海を成功させた。1986年にリクルート社が建造した60ftのヨット〈翔鴎〉（かもめとぶ）の船長を務めたのち、1995年、同艇を譲り受けて興した海洋計画で「実践ヨット塾」などの海洋スクール事業を展開。数多くのヨットマンを育てた。2012年10月、〈翔鴎〉が台風避港中の八丈島で落水事故に遭い死去。享年67歳。

カモメの船長さん
能崎船長の実践ヨット塾

2013年10月10日　第1版第1刷発行

著　者　能崎知文
編　者　高木 新
発行者　大田川茂樹
発行所　株式会社 舵社
　　　　〒105-0013
　　　　東京都港区浜松町1-2-17
　　　　ストークベル浜松町
　　　　TEL.03-3434-5181
　　　　FAX.03-3434-5184
装　丁　佐藤和美
印　刷　図書印刷株式会社

不許可無断複製複写
©2013 Miho Nouzaki, Printed in Japan
ISBN978-4-8072-1133-3

定価はカバーに表示してあります。